Windelfrei, gestillt und getragen

Katrin Hensler

Windelfrei, gestillt und getragen

Ein Ratgeber für einen natürlichen Umgang ohne Windeln und Ersatznahrung

2015, erschienen im Synergia Verlag,
Basel, Zürich, Roßdorf
eine Marke der Sentovision GmbH
www.synergia-verlag.ch

Umschlaggestaltung, Gestaltung und Satz: FontFront.com, Roßdorf

Nachdruck 2016

Printed in EU
ISBN: 978-3-939272-87-8

Vertrieb durch Synergia Auslieferung
www.synergia-auslieferung.de

Bibliografische Information der Deutschen Bibliothek
Die Deutsche Bibliothek verzeichnet diese Publikation in der deutschen Nationalbibliografie; detaillierte bibliografische Daten sind im Internet unter http://dnb.ddb.de abrufbar.

Ich widme dieses Buch

meinen Kindern
Sia Leander Rauck
und Raia Nimue Rauck,
die eine große Freude sind,

meinem Mann
Tobias Rauck
für die Freude des gemeinsamen Erlebnisses,
unsere Kinder zu gebären und großzuziehen

und unseren Eltern,
die immer wieder eine Hilfe sind
und es so mit möglich machten,
dass dieses Buch geschrieben werden konnte.

Inhalt

Dank

Für Korrekturen und Anmerkungen danke ich Jürgen Reining und Nicole Kley.
Außerdem gilt mein Dank Michaela Reining. Ohne dich wäre das Thema windelfreie Erziehung wohl an mir vorbeigegangen.
Ebenso danke ich dem Team des Synergia-Verlags für sein Interesse an dem Thema und seiner Ermutigung, dieses Buch zu schreiben.
Vor allem danke ich meiner Familie, die mich in jeglicher Weise unterstützt hat. Ohne sie wäre dieses Buch nicht möglich gewesen.

Eure Kinder
sind nicht eure Kinder.
Sie sind Söhne und Töchter
der Sehnsucht des Lebens
nach sich selbst.

Sie kommen durch euch,
aber nicht von euch,
und obwohl sie mit euch sind,
gehören sie euch doch nicht.

Ihr dürft ihnen eure Liebe geben,
aber nicht eure Gedanken,
denn sie haben ihre eigenen Gedanken.

Ihr dürft ihren Körpern ein Haus geben,
aber nicht ihren Seelen,
denn ihre Seelen wohnen im Haus von morgen,
das ihr nicht zu betreten vermögt,
selbst nicht in euren Träumen.

Ihr dürft euch bemühen, wie sie zu sein,
aber versucht nicht, sie euch ähnlich zu machen.
Denn das Leben läuft nicht rückwärts
noch verweilt es beim Gestern.
Ihr seid die Bogen, von denen eure Kinder
als lebende Pfeile ausgeschickt werden.

- Khalil Gibran

Vorwort

In einem Kinderladen staunte ich das erste Mal über den Kindermund. Ein dreijähriger Junge hatte ein Bild gemalt, und ich fragte ihn, ob er dem Bild einen Namen geben wolle. Es war ein sehr einfaches Bild. Ein grüner, horizontaler Strich am unteren Rand. Weitere senkrechte, grüne Striche darauf und auf diesen thronten rote Punkte. Der Junge sah mich an und sagte: „In der Wüste hat es geregnet!" Er drehte sich um und war verschwunden. Die Tränen, die mir vor Rührung in die Augen stiegen, bekam er schon gar nicht mehr mit. Seit diesem Tag achte ich, was Kinder erzählen.
Nachdem ich von der Möglichkeit einer windelfreien Erziehung erfahren habe und es für meinen Mann und mich absolut plausibel klang, setzten wir es bei unseren beiden Kindern in die Tat um. Dass das Ganze dann auch noch so gut klappte, hätten wir am Anfang nicht gedacht. Nun möchte ich eine windelfreie Erziehung jedem ans Herz legen.

Einen Tag vor der Geburt unseres Sohnes

Pflege

Kinder sind eine
Brücke zum Himmel.
- aus Persien

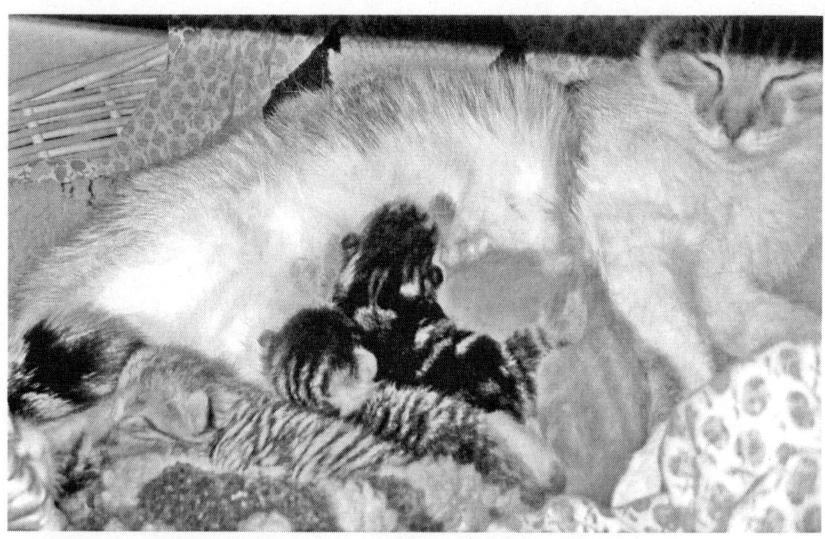

Das Schicksal wollte es so, dass unsere Katze Mia drei Monate vor der Geburt meines Sohnes selber drei süße Katzenbabys bekam. Ich legte mich mit meinem dicken Bauch daneben und beobachtete die Katzenbabypflege. Mia kümmerte sich rührend um ihren Nachwuchs. Nicht ein einziges Mal lagen die Kätzchen in einem verschmutzten Katzenkorb. Mia schien irgendwie zu spüren, wann ihre Kleinen das Bedürfnis hatten, Urin oder Kot auszuscheiden. Sie war jedes Mal zur Stelle und reinigte ihre Babys sofort. Freunde erzählten mir, dass ihre Hündin auch immer die Welpenbox sauber hielt, nachdem sie geworfen hatte. Klar, dachte ich, wer liegt schon gerne in seinem eigenen Kot? Tiere auf jeden Fall nicht. Warum also sollten Kinder es gerne tun?

In der Schwangerschaft mit meiner Tochter lag unsere Katze nachts immer an meinen Bauch angeschmiegt. Ich hatte das Gefühl, dass sie sehr wohl wusste, was da gerade passierte. Auch nach der Geburt hielt sie anfangs einen respektvollen Abstand, aber unsere Tochter war von Beginn an sehr interessiert an ihr. Sie kannte das beruhigende Schnurren schon aus den Zeiten in meinem Bauch. Doch nun zu der Frage: Brauchen Kinder Windeln, um groß zu werden? Ich würde sagen, nein, brauchen sie definitiv nicht.

Die Natur macht es vor

Kein gehorsames Kind
kann je ein freier Mensch werden.
- Alexander Sutherland Neill

Papa mit Sohn unterwegs

Doch nicht nur Tiere, sondern auch der größte Teil der Menschheit praktiziert Windelfreiheit. Begeben wir uns auf eine kleine Reise in die Vergangenheit und zu den Naturvölkern unseres blauen Planeten. Hausgeburten waren bis Mitte des 20. Jahrhunderts bei uns und in allen Teilen der Welt die Regel. Erst ab der zweiten Hälfte des 20. Jahrhunderts wurde in vielen Ländern eine Hausgeburt als unvernünftig erklärt. Zum Glück ändert sich diese Einstellung gerade wieder. Damals verbrachten Kinder die Nächte bei ihren Müttern im Bett, wie auch heute noch in anderen Kulturkreisen, und wurden nicht gleich von ihnen getrennt, wie es in den fünfziger Jahren populär wurde und bis heute noch teilweise bei uns üblich ist. Flaschennahrung war unbekannt, und der Kinderwagen musste auch erst noch erfunden werden. Unsere Urgroßeltern und vielleicht auch noch unsere Großeltern kannten eine windelfreie Erziehung.

Ich selbst bin die ersten drei Jahre hauptsächlich von meinen Großeltern erzogen worden und wurde von meiner Oma mit einem halben Jahr auf das Töpfchen gesetzt. Das funktionierte wunderbar, bis ich wegen einer Krankheit für einige Tage im Krankenhaus bleiben musste. Natürlich wickelten mich die Krankenschwestern in dieser Zeit in Windeln. Es ist interessant, wie schnell man sich an Situationen gewöhnt. Da in der Klinikroutine kaum Zeit für den Einzelnen herrscht, wurden die Windeln nicht nach Bedürfnis, sondern nach Zeitplan gewechselt, und als ich wieder zu Hause war, ging ich wohl davon aus, dass sowieso nicht reagiert wird, und machte wieder in die Hose. Doch nach kurzer Zeit bekam meine Oma die Sache erneut in den Griff, und ich rannte wieder als Nackedei durch die Gegend.

Bei naturverbundenen Völkern
ist es ganz normal,
im Familienbett zu schlafen,
lange zu stillen,
Kinder am Körper zu tragen
und umgehend auf sie zu reagieren,
wenn die kleinen
weinen oder ein anderes
Bedürfnis haben.

Eine Aussage wie: „Ein Kind kann man ruhig mal schreien lassen, das kräftigt die Stimme“, würde bei den Naturvölkern nur ungläubiges Erstaunen, zumindest ein Kopfschütteln hervorrufen. Diese Kulturen praktizieren seit jeher eine natürliche Säuglingspflege, zu der auch die Windelfreiheit gehört. Von Anfang an wird das Baby als aktives Mitglied in die Familie integriert. Im Gegensatz dazu betrachten wir „modernen“ Menschen ihr Kind in den ersten Monaten eher als passiv, mit einer Ausnahme: Es schreit. Doch so hilflos und passiv sind Säuglinge nicht. Man muss sich nur auf sie einlassen und ihre Art der Kommunikation lernen, was wiederum gar nicht so schwer ist und sogar Spaß macht.

Unsere Kinder

Millionen Frauen weltweit praktizieren eine windelfreie Erziehung und würden sich über die Methode ein Kind zu wickeln doch sehr wundern – ja, es überhaupt nicht verstehen. Mütter in anderen Kulturen spüren instinktiv, welches Bedürfnis ihr Kind hat und reagieren darauf. Erst wenn auf körperliche Signale nicht reagiert wird, versuchen Säuglinge verbal auf sich aufmerksam zu machen.

Das Schreien eines Babys
ist das letzte Mittel,
um Aufmerksamkeit zu bekommen.
Ausnahmen sind:
Das Kind hat große Schmerzen
oder bekommt
keine Luft zum Atmen.

Mütter, die traditionell Windelfreiheit praktizieren, arbeiten schon mit den Neugeborenen, indem sie die Kleinen immer in einer Übungsposition abhalten. Dies geschieht mit sehr viel Feingefühl. Die Signale des Kindes werden genau beobachtet. So entsteht eine Wechselbeziehung, die ich Symbiose nenne. Bei dieser Art von Kommunikation zwischen Mutter und Kind dauert es nicht lange, bis das Kind weiß, was diese spezielle Position zu bedeuten hat. Das Kind lernt auch, dass auf es reagiert wird, wenn es etwas signalisiert. Am Anfang wird auch mit verschiedenen Schlüssellauten gearbeitet. Schlüssellaute sind Laute oder andere Geräusche, wie zum Beispiel der laufende Wasserhahn, der – wie wir alle wissen – das Wasserlassen erleichtert. Das Kind wird auf die Laute konditioniert, bei denen es Pipi oder auch das große Geschäft machen soll. Es lernt so sehr schnell, was von ihm erwartet wird, und kann darauf reagieren. Die Mütter wissen, wann ihr Kind muss, und wenn dies nicht der Fall ist, wird es das Kind zu verstehen geben.

Freundin mit ihrem Sohn

Bei Naturvölkern bleiben die Kinder oft nach einem halben Jahr während des Tages trocken. Auch nachts bleiben sie trocken oder wachen auf, wenn sie doch mal müssen. Mein Sohn war mit einem halben Jahr nachts trocken. Ich war ehrlich erstaunt, wie schnell das ging. Morgens haben wir ihn als erstes aufs Töpfchen gesetzt. Das wurde schnell zu einem Ritual und hat auch meinem Sohn sichtlich Spaß gemacht. Auch meine Tochter ist, seit sie ein halbes Jahr alt ist, nachts zumeist trocken. Jeden Morgen wird sie auf das Töpfchen gesetzt und es lohnt sich immer. Das könnt ihr mir glauben! Da der westliche Kommerz mittlerweile auch bei vielen dieser Naturvölkern Einzug gehalten hat, nimmt leider auch dort die Praxis zu, Kinder in Windeln zu stecken oder mit industriell hergestellter Fertignahrung zu versorgen. Da klingt es fast schon sarkastisch, wenn ich sage, dass die Kinder aus den ärmeren Schichten wenigstens in dieser Hinsicht Glück haben, da sich die Eltern die teuren Windeln und Muttermilchersatznahrung nicht leisten können. Für die Kleinsten unter uns ist es ein wahres Glück, bedingungslos Liebe, Geborgenheit und vor allem

Aufmerksamkeit zu erfahren. Nur durch unsere Aufmerksamkeit kann es mit uns kommunizieren. Hoffen wir, dass die Papierwindel in den sogenannten Dritte-Welt-Ländern nicht zum Statussymbol erhoben wird.

Zu keinem Zeitpunkt
in der Geschichte
wurden Kinder so spät trocken,
wie heute in unserer neuen
von Kapitalismus
und wissenschaftlichem Denken
geprägten Welt.

Jeden Tag werden neue Produkte auf den Markt geworfen, die uns das Leben erleichtern sollen, doch die riesige Auswahl macht unser Leben nicht selten noch komplizierter, als es ohnehin schon ist. In westlichen Gesellschaftssystemen wird angenommen, dass ein Kind erst zur Sauberkeit bereit werden muss, und dies erst sein wird, wenn es schon sprechen kann. Das ist ein Irrtum, denn dabei wird vergessen, dass es außer der verbalen Sprache noch andere Formen der Kommunikation gibt, beispielsweise die Sprache durch Zeichen und Gebärden. Achtet bei Babys mal auf die Mimik und Körpersprache, und ihr werdet feststellen, dass Babys sich sehr wohl mitteilen und kontrollieren können. Wir Erwachsene sind es, die meistens erst dann verstehen, welche Bedürfnisse ein Kind hat, wenn es sie verbal äußert. Wir Erwachsene sind es auch, die etwas an unserer Wahrnehmung und unseren Konditionierungen ändern können, wenn wir das wollen.

Papa hält unsere Tochter ab

Babys wollen sauber sein

Eltern verzeihen ihren Kindern
die Fehler am schwersten,
die sie ihnen selbst anerzogen haben.
- Marie von Ebner-Eschenbach

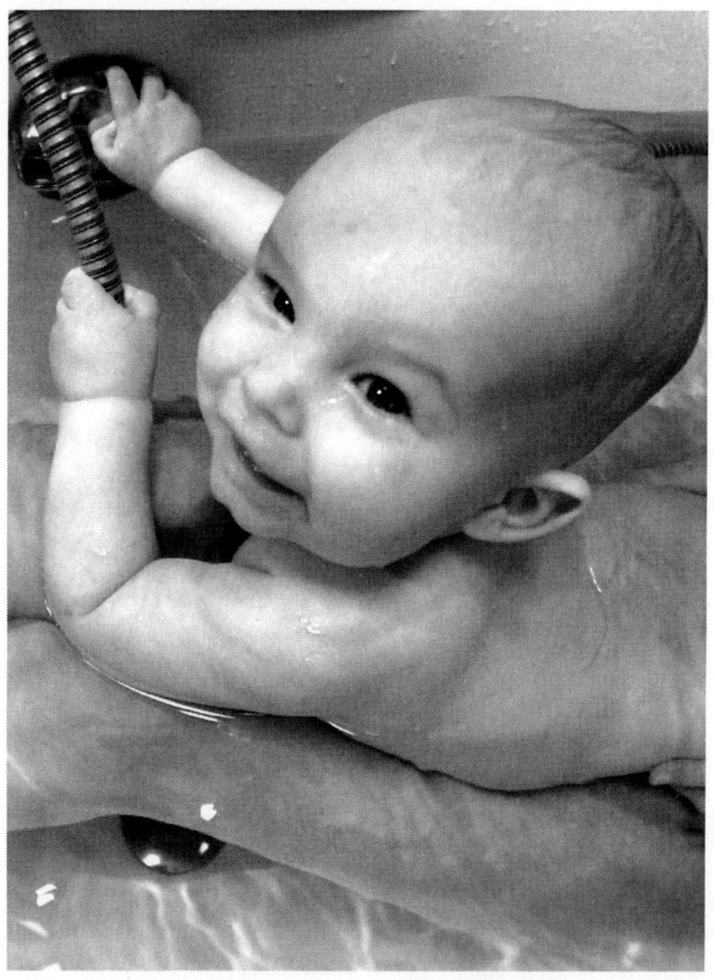

Unser Sohn beim Baden …

Bei vielen Eltern, auch wenn sie schon Kinder haben, herrscht der Glaube, Babys könnten ihren Schließmuskel nicht kontrollieren. Sie meinen – oder sollte ich sagen, es wird ihnen beigebracht, weil wir es anscheinend nicht besser wissen –, sobald die Kleinen voll sind, kommt es einfach unten wieder raus. Sogar die Mutter eines guten Freundes, die selbst zwei Kinder großgezogen hatte, reagierte mit: „Wie bitte? Aber die können doch erst mit zwei bis drei Jahren ihren Schließmuskel benutzen." Als mein Mann sie auf das Thema Windelfreiheit ansprach und ihr erzählte, wie wir diese Methode praktizieren, da fragten wir uns schon, ob sie denn einmal wirklich richtig zugeschaut hatte oder ob es bei ihren Kindern immer nur in die Windel gegangen ist. Wenn man jedoch sein Baby einmal abhält, wird man zwangsläufig eines Besseren belehrt. Kinder beherrschen schon von Anfang an ihren Schließmuskel. Die Ausscheidungen von einem Säugling sind am Anfang relativ flüssig und wir wissen alle, wie es sich anfühlt, wenn man selbst „Flitzekacke" (so steht es in einem Kinderbuch von meinem Sohn beschrieben und ich finde das Wort so passend, dass ich es hier mal gebrauche) hat. Das müssen wir den Kleinen erst mal nachmachen. Ja, selbst unser Kinderarzt wollte uns die gute alte Schließmuskel-Geschichte erzählen. Man muss nicht alles glauben, was so erzählt wird.

Wenn wir unsere Aufmerksamkeit
auf die Bedürfnisse unserer Kinder lenken,
entpuppt sich vieles,
was so erzählt und als Weisheit
wiedergegeben wird,
als ein Ammenmärchen.

Unser Sohn wurde im Juni 2006 geboren und im zarten Alter von zehn Tagen das erste Mal über dem Töpfchen abgehalten, nachdem wir ihm zuvor immer Handtücher und Windeln untergelegt und ihn beobachtet hatten. Es fiel auf, dass der Kleine unruhig wurde und uns auf seine Art Bescheid gab. An diesem zehnten Tag hat mein Mann aus einer Intuition heraus das Töpfchen geschnappt und ihn gut abgestützt, auf seinem Unterarm liegend, einfach mal darüber gehalten. Dabei machte er Schlüssellaute, auf die wir uns im Vorfeld geeinigt hatten. Er hielt den Kleinen mit der tragenden Hand so, dass er mit Zeige- und Mittelfinger den Popo, rechts und links vom After, antippeln konnte, um so den Fokus dorthin zu lenken. Die andere Hand stützte die Beinchen. Noch am selben Tag hat es ganze dreimal geklappt. Bei meinem Mann hat dieses Erlebnis einen nachhaltigen Eindruck hinterlassen. Bei meiner Tochter, die im April 2011 bei einer Hausgeburt das Licht der Welt erblickt hatte, begann die windelfreie Erziehung schon eine Viertelstunde nach der Geburt. Die Hebamme nahm die Kleine, die noch im warmen Wasser der Geburtswanne auf mir drauflag, damit wir ins kuschelige Bett wechseln konnten,

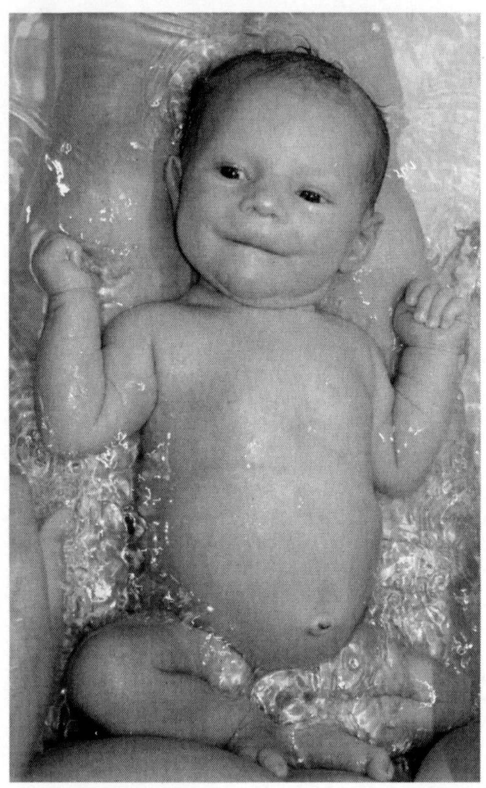

… und die Tochter

und reichte sie meinem Mann. Dort fing sie an, das Kindspech oder Mekonium, was der erste Stuhl eines Neugeborenen ist, auszuscheiden, begleitet von den Schlüssellauten meines Mannes und der Hebamme. So hatten wir auch das klebrige Thema Kindspech schnell hinter uns gebracht, was uns sehr freute.

Nach kurzer Zeit erkannten sowohl mein Sohn als auch meine Tochter schon allein an der Haltung, dass sie jetzt können, wenn sie wollen. Da beide Kinder in den warmen Jahreszeiten geboren wurden, waren sie sowieso oft nackt und es war sehr einfach, sie zu beobachten. Die warme Jahreszeit ist bestens geeignet für eine windelfreie Erziehung, aber auch Winterkinder können windelfrei erzogen werden. Das beste Beispiel hierfür sind die Inuit am Nordpolarkreis, die ihre Kinder windelfrei erziehen. Die Frauen im hohen Norden tragen ihre Kinder meist auf dem Rücken und bemerken durch die unterschiedlichen Bewegungsmuster des Kindes, welches Bedürfnis dieses gerade hat. Auch hier ist es wieder die Körpersprache, mit der kommuniziert wird. Mir ist auch aufgefallen, dass meine Kinder, wenn sie getragen werden, zu neunundneunzig Prozent warten, bis sie aus dem Tuch oder der Trage herausgenommen werden, und dann erst das Bedürfnis haben, sich zu entleeren. Deshalb rate ich an, den Kleinen nach einem Spaziergang oder längerer Zeit im Tuch das Töpfchen anzubieten.

Babys, auch die kleinsten,
wissen, wann sie müssen,
und sagen uns auch Bescheid.
Es liegt also an unserer Aufmerksamkeit,
ob wir merken,
wann es soweit ist.

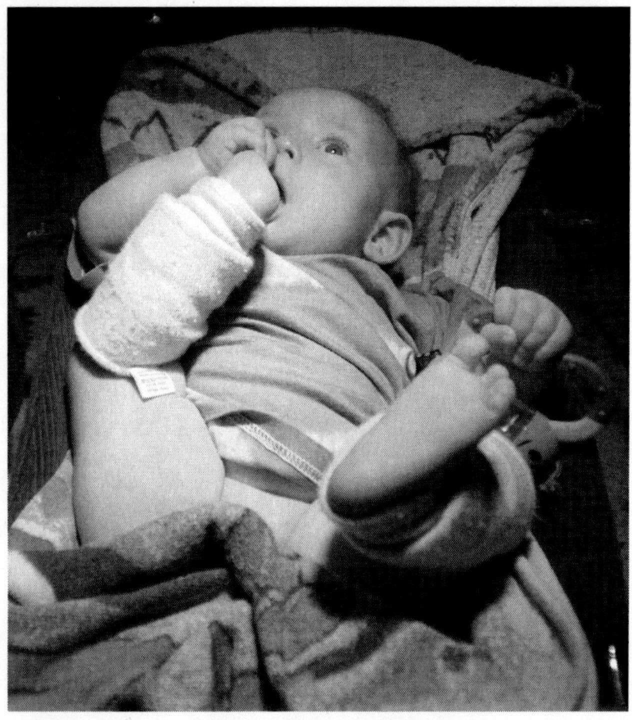

Notfalls wird auch mal ein Handtuch untergelegt

Ein kleiner Trick für die kalte Jahreszeit ist, das Töpfchen auf die Heizung oder auf den Ofen zu stellen. Das macht die Sache viel angenehmer und bei der Morgentoilette freuen sich die Kleinen förmlich auf ihren warmen Thron. Allerdings ist es sinnvoll, zu warten, bis das Kind völlig wach geworden ist.

Bei unserer Tochter ist es schon passiert, dass sie richtig empört war, als wir sie einmal noch schlaftrunken auf das Töpfchen setzen wollten.

Die weit verbreitete Meinung, ein Baby sollte möglichst lange Windeln tragen, da es bei einem zu früh (was auch immer »zu früh« heißen mag) begonnenen Sauberkeitstraining einen Schaden davontragen könnte, ist – soweit ich das aus eigener Erfahrung beurteilen kann – absolut an den Haaren herbeigezogen. Studien, die so etwas behaubten, werden meiner Meinung nach von der Industrie bezahlt und dann von den Medien unter das Volk gestreut.

Ich kenne niemanden,
der es toll findet,
seine Toilette
am Körper zu tragen.
Warum sollten ausgerechnet Babys
auf eine volle Windel stehen
und einen psychischen Schaden bekommen,
wenn sie dabei Unterstützung erhalten,
ihre Bedürfnisse zu befriedigen?

Zu diesen Bedürfnissen gehört auch, sich sauber zu fühlen. Wenn es bei Kindern so aussieht, als mache es ihnen nichts aus, schmutzige Windeln am Körper zu tragen, interpretiere ich das eher als ein Sich-damit-abgefunden-Haben. Meine Erfahrung ist, dass meine Kinder, wenn es mal groß in die Hose ging (natürlich ist das bei uns auch schon passiert), auf jeden Fall aus ihrer Hose rauswollten – und zwar umgehend.

Noch ein sehr guter Grund für eine windelfreie Erziehung ist, dass windelfreie Kinder sehr selten Koliken haben, da sie ihren Kot nicht einhalten müssen. Koliken können sehr unangenehm sowohl für das Kind als auch für die Eltern sein und haben vielen schon schlaflose Nächte beschert. Unser Sohn hat einen regelmäßigen Stuhlgang. Generell muss er am Morgen nach dem Aufstehen, so wie die meisten Erwachsenen auch. Wir haben für uns herausgefunden, dass es sinnvoll ist, unseren Kindern nach dem Schlafen und nach dem Essen oder Stillen eine „Sitzung" anzubieten.

Die Annahme, es mache viel weniger Arbeit mit Einmal-Windeln zu wickeln, kann ich wirklich nicht nachvollziehen. Ich finde es einfacher, unseren Sohn oder unsere Tochter, wenn sie müssen, über der Toilette abzuhalten und ihnen danach den Popo sauber zu machen, der im Normalfall kaum beschmutzt ist, als eine vollgemachte, verschmierende Windel auszuziehen, den Popo zu waschen, zu ölen und das Kind wieder anzuziehen. Ein Wisch genügt zumeist. Wer sein Baby schon mal aus einer vollen Windel geholt hat und die durch Dehydration (Wasserentzug) festgeklebten Reste mit einem Waschlappen, einem feuchten Tuch oder Öltuch regelrecht abkratzen musste, der weiß, wovon ich rede. Selbst wenn gleich reagiert wird, hat sich der Kot, der sich sonst stolz erst als Creme, dann immer mehr als Wurst im Töpfchen präsentiert, über Windel und Po verteilt und es braucht definitiv länger, das Baby wieder zu reinigen. Das Töpfchen ist garantiert schneller sauber gemacht. Trotzdem höre ich leider immer wieder von befreundeten Müttern, dass es ihnen zu viel Arbeit wäre, den ganzen Tag hinter dem Kind herzurennen. Dabei ist das gar kein Muss und ich renne meinem Kind bestimmt nicht den ganzen Tag hinterher. Vielmehr wird eine Intuition genutzt, die einem zum richtigen Moment sagt, was dein Kind benötigt, oder das Kind signalisiert es selbst, indem es auf sich aufmerksam macht. Alles ist sozusagen im Fluss, wenn man sich darauf einlässt.

Wer Töpfchen nicht mag, kann auch gleich mit dem Kind auf die Toilette gehen. Eine Praktik ist, sich selbst mit gespreizten Beinen auf den hinteren Teil der Klobrille zu setzen und das Kind vor sich zu plazieren, so als hätten sie es auf dem Schoß. Es kann auch noch zusätzlich mit den Händen abhaltend unterstützt werden, was in den ersten paar Monaten auf jeden Fall angebracht ist. Ich benutze sowohl das Töpfchen als auch die Toilette. Meine Tochter weiß auch genau, wozu die Toilette gut ist, und ich brauche meistens nicht mal bis drei zählen, um das Plätschern oder auch den Platsch zu hören. Sie können es aber auch von vorn über die Schüssel halten. So lernt das Kind von Anfang an den Ort kennen, an dem es sein Geschäft erledigen kann. Meinen Sohn setzte ich morgens auf das Töpfchen und zwischendurch bot ich ihm auch immer wieder die Toilette an und nahm ihn mit, wenn ich selbst mal musste. Unser Badezimmer ist meistens offen und so bekommt unsere Tochter mit, wer gerade auf die Toilette geht, darf zusehen, auch bei ihrem Bruder. Am meisten freut sie sich auf das Spülen. Da müssen wir immer warten, bis es auch wirklich aufgehört hat und kein Wasser mehr fließt. Das alles passiert so nebenbei und ist nicht wirklich anstrengend. Natürlich gibt es auch so Tage, an denen es so gar nicht klappt mit der Kommunikation, doch die sind zum Glück sehr selten und sollten nicht überbewertet werden.

Das Kind sollte auch mitbekommen,
dass seine Eltern
den gleichen Ort besuchen.
Es ist also sinnvoll,
das Baby öfter mit
auf die Toilette zu nehmen,
wenn man selbst muss.

Geht man offen mit seinem eigenen Ausscheidungsbedürfnis um und lässt seine Kinder mit ins Bad, auch wenn man Stuhlgang hat und es vielleicht gerade mal nicht so gut riecht, baut sich auch kein künstliches Schamgefühl auf, wie es weit verbreitet ist und gelegentlich zu seelischen Problemen führt. Die Zeiten, in denen zum Beispiel die Jungs mit den Händen über der Bettdecke schlafen mussten, sollten ja wohl vorbei sein. Da fällt mir auch ein, dass die sogenannte anale Phase nach Freud an meinem Sohn vorbeigegangen sein muss. Bei meiner Tochter ist das noch abzuwarten, da sie zum gegenwärtigen Zeitpunkt erst acht Monate alt ist. Pippi findet sie auf jeden Fall interessant und möchte immer sehen, was ins Töpfchen gegangen ist.

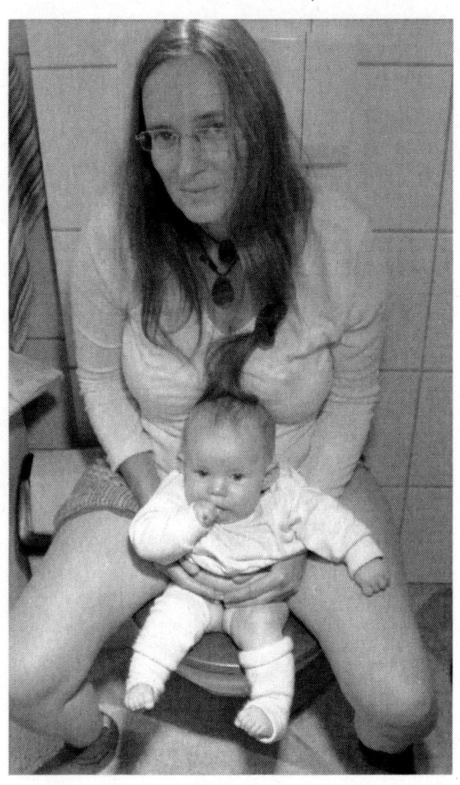

Wir sollten uns einfach mal vor Augen führen, wie paradox eine Erziehung für das Kind ist, in der nur mit Windeln oder Einmalwindeln hantiert wird oder die eigenen Ausscheidungen als Pfui oder Bäh betitelt werden. Wenn sie sich beispielsweise nur von Früchten ernähren würden, röche ihr Stuhl gar nicht mehr so pfui-bäh-bäh sondern eher nach den Früchten, die sie zu sich genommen haben. Ist das nicht interessant?

Nachdem das Baby sein ganzes
bisheriges Leben seine Klamotten
als Toilette benutzen konnte,
darf es das auf einmal nicht mehr.
Und was nun?
Nun wird von dem Kind verlangt,
dass es alles, was es bislang
für richtig gehalten hat,
als falsch betrachtet.

Darüber hinaus ist die Angst unbegründet, die Babys würden sich viel öfter erkälten, wenn sie den ganzen Tag nackt herumlaufen. Das tun sie ja nicht, es sei denn, es ist Sommer oder sehr heiß draußen. Unser Sohn hatte in seinem ersten Lebensjahr nur einmal für drei Tage einen leichten, klaren Schnupfen, obwohl er in der Krabbelgruppe ständig mit kleinen rotzigen Näschen in Berührung kam und des Öfteren fremde Fläschchen und Spielsachen in den Händen und vor allem im Mund hatte. Allerdings war ich leider auch die Einzige, die nach einem halben Jahr ihrem Baby noch die Brust gab.

Es war im Winter, als mein Sohn das erste Mal kurzzeitig schnüpfelte und natürlich hatte er warme Wintersachen an. Die erste Nacht war erschreckend für mich, da er zeitweise nicht durch die Nase atmen konnte. Er kannte diese Situation gar nicht und auch für mich war diese Situation neu. Der Kleine musste erst mal feststellen, dass man ja auch durch den Mund atmen kann. Unser Sohn weinte bitterlich, was die Nase nur noch mehr verstopfte. Zum Glück ging es ihm in der folgenden Nacht wieder erheblich besser. Er bekam ein homöophatisches Mittel aus der Hausapotheke, welches mir meine Heilpraktikerin empfohlen hatte. Seine Nase war weitgehend frei, so dass er wieder atmen konnte. Nach dieser

Nacht fragte ich mich des Öfteren, wie das wohl bei Kindern ist, die häufiger ein verschnupftes Näschen haben, und wie die Eltern damit umgehen und war froh über unser Familienbett, da ich so jederzeit für ihn da sein konnte. (Das hat zwar nichts direkt mit windelfreier Erziehung zu tun, jedoch sind für mich die verschiedenen Themen so miteinander verwoben, dass sie überall im Buch auftauchen können.)

Je nach Wetterlage haben unsere Kinder natürlich auch Unterhosen und Hosen an. Sind wir länger unterwegs, wird auch mal gewickelt. Ich sehe das nicht so dogmatisch. Oft freue ich mich, wenn ich die Windel wieder ausziehe, denn für gewöhnlich ist sie dann noch trocken. Als mein Sohn noch sehr klein war, nahm ich ausschließlich Wollwindeln und ein Wollhöschen darüber. Später, als mein Sohn schon laufen konnte, benutzte ich, wenn es denn mal sein musste, Windelhöschen. Das hatte den Grund, dass ich unserem Kleinen nicht das Gefühl vermitteln wollte, ihn zu wickeln, sondern ihn genauso anzog, wie mich auch. Er trug sonst normale Unterhosen. Lange passten ihm immer noch die ersten Höschen in der Größe fünfzig, da ja die Windel wegfiel und keinen Platz in Anspruch nahm. Beim Anziehen konnte er auch aktiv mithelfen, was er auch tat, wenn er wollte. Schon mit knapp vier Monaten streckte er mir seine kleinen Ärmchen entgegen, um beim Pulloveranziehen mitzuhelfen. Unsere Tochter schläft bisher nachts in Wollwindeln. Es gab aber auch schon viele Nächte, in der sie nachts trocken blieb und ich ihr keine Windel anzog. Manchmal schläft sie die erste Hälfte der Nacht mit Windel, und wenn diese nass wird, ziehe ich sie aus und sie darf die zweite Nachthälfte ohne Windel weiterschlafen, da sie aller Wahrscheinlichkeit nach erst wieder am Morgen muss. Tagsüber trägt sie nur unterwegs Wollwindeln und das im Moment eher, da sie gerade ihren ersten Winter erlebt. Bis jetzt leider ohne Schnee.

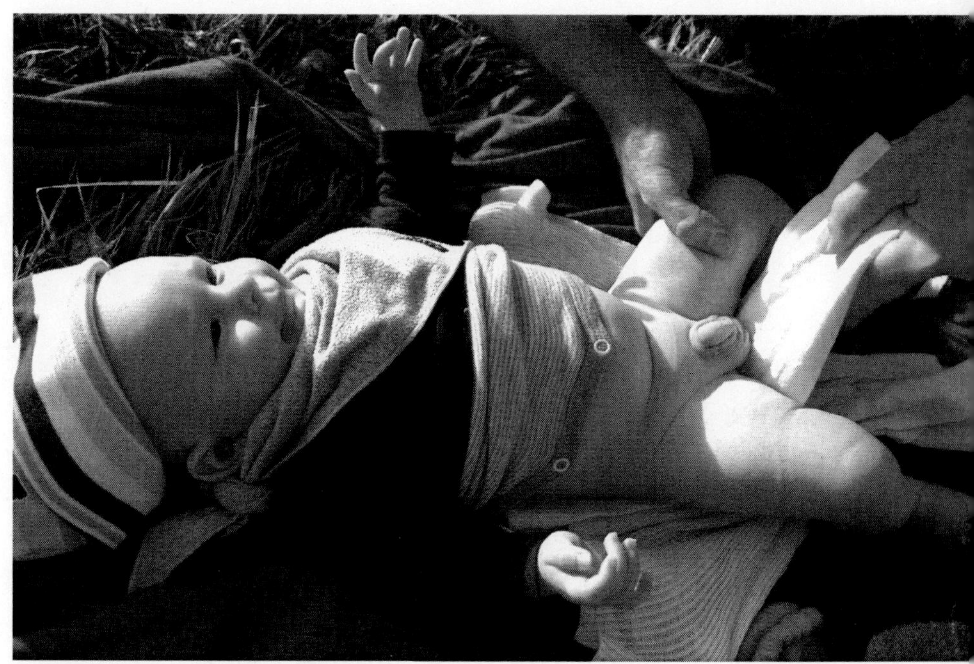

Eine Stoffwindel für unterwegs

Papierwindeln und Fertignahrung

Die Arbeit läuft nicht davon,
wenn du dem Kind den Regenbogen zeigst.
Aber der Regenbogen wartet nicht,
bis du mit deiner Arbeit fertig bist!
- Chinesisches Sprichwort

Unser Sohn spielt draußen

Mit der Zeit ist mir erst richtig bewusst geworden, wie viel Macht die Werbung mit der dahinterstehenden Industrie wirklich hat. Die Manipulationen sind so unscheinbar und wir so leicht zu konditionieren (wie es auch im Positiven mit der windelfreien Erziehung funktioniert), dass es für die heutigen Medien ein Leichtes ist, ihr Publikum um den Finger zu wickeln. Nachdem ich nun schon viele Jahre Windelfreiheit mit meinen Kindern praktiziere, kann ich gar nicht mehr verstehen, wie es der Windelindustrie möglich ist, uns so zu manipulieren, dass wir das Natürlichste vergessen.

Es erscheint uns
sogar kurios,
wenn wir das erste Mal
davon hören,
dass es auch ohne Windeln geht.

Uns wird weisgemacht, dass es eine Erleichterung sei, das Kind in Windeln zu stecken, und wir ihm, tun wir dieses nicht, ständig hinterherwischen müssen, wenn wir es ohne Windeln herumlaufen lassen. Immer mit der Papierrolle unter dem Arm herumzulaufen wäre natürlich auch eine Möglichkeit, die ich allerdings nicht bevorzuge. Das muss jedoch nicht so sein, sofern wir mit dem Kind über seine Ausscheidungen kommunizieren. Stellen wir uns einfach mal die Frage, wer tatsächlich davon profitiert, wenn Kinder lange und permanent gewickelt werden. Das Kind mit einer Windeldermatitis sicher nicht. Ich mache zum großen Teil unsere windelfreie Erziehung dafür verantwortlich, dass unser Sohn kein einziges Mal einen wunden Po hatte.
Auch unsere Tochter, die von Geburt an eher eine empfindliche Haut hat und öfter mal eine rauhe Hautstelle hauptsächlich an den

Beinen bekommt, neigt glücklicherweise nicht dazu, im Windelbereich wund zu werden.
Als ich nach der Geburt meines ersten Kindes aus dem Krankenhaus entlassen wurde, drückte man mir noch eine riesige Tüte in die Hand. Sie war vollgestopft mit allen möglichen Produkten, die mein Baby und ich auf jeden Fall benötigen würden. Oh, ich staunte nicht schlecht darüber und erkannte, was für eine große Zielgruppe Mütter und Väter für die Industrie darstellten. Als erstes entsorgte ich die Schnuller. Es waren gleich zwei, einer für die ersten drei Monate und einer für danach. Einen Schnuller brauchte und mochte mein Sohn übrigens nie. Als mein Mann am Tag nach der Geburt vom Einkauf nach Hause kam, fühlte auch er sich in eine völlig neue Welt des Konsums geworfen. Als frischer Vater vor den schier endlosen Regalen dringend benötigter Babyprodukte zu stehen, die ihm vorher überhaupt nicht aufgefallen waren, hat ihn schon etwas nervös gemacht. Wir beschlossen, uns gut zu überlegen, was wir wirklich brauchen. Auch unsere Tochter kennt keinen Schnuller und wird ihn wohl erst kennenlernen, wenn sie andere Kinder mit Schnuller sieht.

Auf der Geburtstagsfeier zum ersten Geburtstag unseres Sohnes mussten mein Mann und ich herzlich darüber lachen und den Kopf schütteln, wie verdreht doch unsere Welt ist. Als ich mit einer lieben Freundin über das Thema Stillen sprach und ihr erzählte, dass mein Sohn auch gerne noch an der Brust einschläft, war ihr Kommentar, dass das wohl eine Art Schnullerersatz wäre. Ich glaubte im ersten Moment, ich hätte mich verhört. Ein was? Wer hat denn dieses Wort kreiert? Wer ersetzt denn hier wen, war meine Reaktion. Nach einem netten, anregenden Gespräch kamen wir zu dem Fazit: „Ja, so gut sind wir konditioniert." Noch mitten im Gespräch vertieft, kam ein gestresster Vater eines fünfzehn Monate alten Kindes auf mich zu. Er fragte, ob er etwas zum Saubermachen und eine neue Windel haben könne. Die Begeisterung über die

Aufgabe, die ihm bevorstand, stand ihm ins Gesicht geschrieben. Da ging wohl was in die Hose. Ach ja, ich konnte ihm allerdings nur eine Wollwindel anbieten, was ihm wahrscheinlich nur noch mehr Stress bereitete. Ehrlich gesagt konnte unsere Runde sich das Grinsen nicht verkneifen.

Wenn wir unser Kind abhalten, ist das vorwiegend stressfrei und oft auch ein Vergnügen. Wie schon erwähnt, hatten unsere Kleinen bisher noch nie einen wunden Po gehabt und den sollen sie auch nicht bekommen. Es gibt bei uns sogar eine Krankheit, die in nicht industrialisierten Ländern und Kulturen unbekannt ist. Die Windeldermatitis. Sie ist mittlerweile eine der häufigsten Kinderkrankheiten geworden und ist als Zivilisationskrankheit weit verbreitet.

Etwa zwei Drittel unserer Kinder
haben während ihrer Windelzeit
mindestens einmal
eine Windeldermatitis.

Obiges behauptet Peter Fritsch in seinem Buch „Dermatologie und Venerologie“[1].

Eine windelfreie Erziehung beugt den Ursachen vor, denn verantwortlich ist zu allererst der Wärmestau, der durch die moderne Windel erzeugt wird. Wenn mit Stoff gewickelt wird, ist es natürlich auch sinnvoll, keine Plastikhose über die Windel zu ziehen. Beim Waschen der Windeln sollte ein sensitives, am besten biologisch abbaubares Waschmittel verwendet werden und auf Weichspüler darf verzichtet werden, da diese Duftstoffe enthalten, auf

[1] P. Fritsch: Dermatologie und Venerologie, 2004, Springer, ISBN 978-3-540-00332-8

die das Kind reagieren kann. Für mich ist es auch wichtig, dass das Kind den Eigengeruch der Mutter wahrnehmen kann und umgekehrt.

Einmal kam mein Mann entsetzt aus der Krabbelgruppe nach Hause. Eine der Frauen, eine noch recht junge Frau, wickelte ihre kleine Tochter und als sie ihr die volle Windel öffnete, sah mein Mann, dass die Kleine von den Schamlippen über die Innenseite und den oberen Teil des Oberschenkels bis hinauf zum Steißbein knallrot und wund war. Beim Saubermachen schrie das Mädchen wie am Spieß. Da er so etwas von unserem Sohn nicht kannte, sprach er die Frau darauf an und empfahl ihr, doch mal die Windel wegzulassen. Sie hörte auch recht interessiert zu, doch das Konzept, von dem mein Mann sprach, passte leider so gar nicht in ihre Konditionierung und ihr war der neue Teppich wichtiger. Mein Mann musste sich sehr zusammennehmen und einmal ganz tief Luft holen, um nicht wütend zu reagieren, obwohl er es war. Nicht auf die junge Frau persönlich, sondern auf die einseitige Bildung durch einseitige Informationen. Manchmal fällt es wirklich schwer, in solchen Momenten die Ruhe zu bewahren und die freie Wahl eines jeden zu akzeptieren. Missionieren wollen wir schließlich auch nicht, sondern einfach Alternativen vorschlagen. Traurig machte es uns aber dennoch, denn auch ich hatte die Frau mehr als zwei Monate davor schon einmal auf den wunden Po ihrer Tochter angesprochen. Ich versuchte, ihr zu erklären, dass frische Luft das Beste für den wunden Po ihrer Tochter wäre, wie bei einer Schürfwunde, die ja auch am besten an der frischen Luft verheilt und das Pflaster nur so lange sinnvoll ist, bis die Wunde aufgehört hat zu bluten oder zu nässen.

Meistens ist die Ursache
für den Ausschlag,
dass nicht sofort
eine neue Windel angezogen wird,
wenn die alte nass ist.

Viele Babys haben eine sehr empfindliche Haut und reagieren sofort darauf. Deshalb ist es auch für Eltern, die ihr Kind wickeln, sinnvoll, auf die Versuche ihres Babys, mit ihnen zu kommunizieren, zu achten. Als Behandlung der Windeldermatitis wird oft empfohlen, das Baby öfter als gewohnt zu wickeln. Damit vermeidet man zwar, dass das Baby längere Zeit in einer nassen oder verschmutzten Windel liegt, mein Rat wäre allerdings, die Windel einfach mal aus zu lassen und das Kind zu beobachten. Wer das tut, bekommt vielleicht zum ersten Mal mit, dass Kinder sehr wohl ihre Ausscheidungen kontrollieren können. Die Frage, was mir wichtiger ist, der Po unseres Kindes oder der Teppich aus reiner Schurwolle, stellt sich mir nicht. Ich habe auch schon ein sehr flüssiges Häufchen von einem Läufer entfernt, als unser Sohn ein wenig Durchfall hatte. Ich fand das nicht schlimm und würde es jeder Zeit wieder tun. Es dauert, wenn es gleich bemerkt wird, nicht lange und lässt sich gut entfernen. Da kenne ich viel mehr Eltern, die beim Wickeln bemerken, dass die Windel nicht dicht ist und sich einiges schön an den Seiten rausgedrückt hat. Falls die Gelbfärbung beim Waschen nicht richtig entfernt wurde, hilft es, die Sachen in die Sonne ins Gras zu legen.
Bei einem unserer Besuche beim Kinderarzt, es war die U6, die nach einem Jahr erfolgt, wollte unser Sohn während der Untersuchung Pippi machen. Er machte sich bemerkbar und wir fragten den Arzt, ob er mal über dem Waschbecken abgehalten werden darf. Unser Kinderarzt sah uns etwas erstaunt an und

meinte dann, dass das gehen würde, sofern es denn funktioniert und bot uns an, ein Tuch zu holen. Wir sagten ihm, dass das wiederum nicht nötig war, hielten ihn über das Waschbecken, machten den Schlüssellaut und wenige Sekunden später entspannte sich unser Sohn, und erleichterte sich. Die ersten Worte unseres perplexen Arztes waren: „Das ging ja nun wirklich auf Kommando!“ und er war tatsächlich sichtlich verwirrt, denn er stellte gar keine Fragen mehr zur Entwicklung und zur Ernährung und all die Fragen, die normalerweise sonst gestellt werden. Hatte er uns nicht noch vor fast einem Jahr erklären wollen, dass das Kind am Anfang den Schließmuskel noch nicht beherrsche? Bei unserer Tochter wusste er dann schon Bescheid und bot uns beim Arztbesuch sein Waschbecken zum Abhalten an. Uns aber fiel auf, dass die Sprechstundenhilfe uns immer noch aufforderte, die Kleine bis auf die „Pampers“ auszuziehen.

Trotz dem wahnsinnigen Überangebot an Babyprodukten – angefangen von Pflegeprodukten über spezielle Babynahrung bis hin zum Spielzeugangebot – bin ich der Meinung, dass weniger mehr ist. Unsere Kinder baden ein bis zwei Mal in der Woche. Ich nehme nur klares Wasser und ab und zu ein bis zwei Esslöffel Olivenöl. Nach dem Baden wird nur bei Bedarf mit einem pflanzlichen Öl ohne Zusatzstoffe und Parfüm eingeölt, besser aber gar nicht, denn unser Körper ist schlauer, als wir im Allgemeinen denken. Man kann auch sagen: „Unser Körper hat ein Bewusstsein!“

Unsere Haut ist
in der Lage,
sich – wenn man sie
nicht so oft
mit Mittelchen
von außen behandelt –
selbst mit allem,
was sie braucht,
zu versorgen.

Man braucht kein Babyshampoo oder Badezusatz. Die Haut unseres Sohnes ist zart und rein, er hat weder fettiges Haar noch riecht er unangenehm. Im Gegenteil. Bei unserer Tochter, die durch die Muttermilch immer noch diesen typischen Babygeruch hat, ist es genauso.

Auch bei der Ernährung müssen wir nicht extra auf Babyprodukte zurückgreifen. Als unser Sohn mit acht Monaten bei den Mahlzeiten mitmachen wollte, wobei er natürlich noch gestillt wurde, gab es erst Obst und Gemüse aus dem Bioladen als Brei. Aber er wollte bald lieber genauso essen wie wir, und wir wechselten zu dem so genannten „Fingerfood", also Speisen, die mit den Fingern gegessen werden können. In unserem Fall wird das Obst und Gemüse in handliche, längliche Stücke geschnitten und teilweise auch leicht gegart. Im ersten Jahr ist es gut, darauf zu achten, dass Babys keinen Zucker bekommen, da Muttermilch ohnehin schon süß ist, kein Salz, keinen Honig und nur wenig Gewürze. Mit vierzehn Monaten aß unser Sohn das, was wir auch essen. Zucker bekam er sehr selten. Das lässt sich auch nicht völlig vermeiden, denn Omas und Opas meinen es ja nur gut. Zu Hause bekam unser Sohn anstelle von Bonbons ungeschwefeltes Dörrobst, doch mittlerweile haben sich auch hier eine Bande Gummibärchen eingenistet. Unsere Tochter hat mit ungefähr acht Monaten auch schon

Bekanntschaft mit Lebkuchen gemacht, die sie vom Weihnachtsbaum stibitzt hatte. Ansonsten ernähren wir uns gesund, bekommen jede Woche eine Biogemüsekiste ins Haus geliefert, und ich ernähre mich vegetarisch. Ich hatte trotz vegetarischer Ernährung noch nie Eisenmangel. Auch nicht während ich mit unserem Sohn schwanger war. Unser Sohn, mittlerweile fünf Jahre, isst auch kein Fleisch. Er verlangt auch nicht danach, wenn er den Papa Fleisch essen sieht. Als er ungefähr ein Jahr alt war, ist mir oft empfohlen worden, doch jetzt langsam mal Fleisch zuzufüttern, sonst würde das Kind ja Eisenmangel bekommen.

Das Eisen
aus der Muttermilch
wird zu fünfzig Prozent verwertet.
Handelsübliche Milch
von der Kuh
wird von uns
zu zehn Prozent verwertet.

Die Hämoglobinwerte von lange voll gestillten Kindern sind sogar besser als bei Kindern, die schon früh Beikost bekommen haben. Hier empfehle ich „Das Stillbuch“[2] von Hannah Lothrop.
Unser Sohn darf natürlich Fleisch probieren, wenn er zum Beispiel auf einem Kindergeburtstag eingeladen ist oder im Supermarkt eine Scheibe Wurst angeboten bekommt. Er weißt aber immer darauf hin, dass er Vegetarier ist, nachdem er zwei oder drei Mal Fleisch probiert hat. Es steht ihm frei, Fleisch und Wurst zu probieren. Bisher hat er danach immer wieder nach seiner Sojawurst oder seinem Lieblingskäse verlangt.

---

[2] H. Lothrop: Das Stillbuch, 27. Aufl., 2002, Kösel, ISBN: 978-3466344314

Das Eisen holen wir uns aus der Vielzahl der pflanzlichen Produkte. Viel Eisen enthalten Nahrungsmittel wie Gewürze, Hülsenfrüchte, Spinat oder als Alternative Brennnessel. Bei Brotwaren besser auf Vollkornbrote aus Sauerteig oder Hefe zurückgreifen, anstatt auf Brote, die mit mineralischen Backtriebmitteln hergestellt wurden. Ob unsere Tochter auch Vegetarierin wird, weiß ich nicht. Das wird sie selbst entscheiden. Im Moment bekommt sie aber kein Fleisch, und wenn es nach unserem Sohn ginge, kann das auch so bleiben.

Oft werden Kinder in unserer Gesellschaft mit Spielsachen nur so überhäuft. Das ist meistens gar nicht nötig. In Kinderzimmern, die vollgestopft sind mit Spielzeug, weiß ein Kind ja gar nicht, womit es sich zuerst beschäftigen soll. Da ist es auch kein Wunder, wenn Kinder nicht bei einer Sache bleiben können. Es ist doch viel sinnvoller, eine Bindung zum Kind aufzubauen, anstatt es mit Produkten zu überschwemmen. Da viele dieser gut gemeinten Geschenke von den Großeltern kommen, ist es angebracht, im Vorfeld mit ihnen über Sinn und Unsinn von Spielzeug zu reden. Natürlich gibt es auch wundervolles Spielzeug. Unsere Kinder haben natürlich auch eine wechselnde Auswahl an Spielsachen. Je weniger da rumliegt, umso mehr beschäftigen sie sich mit den Sachen. Es kommt eben auf die Menge an. Bei beiden Kindern beobachte ich, dass sie am liebsten mit Gegenständen spielen, die wir alltäglich benutzen. Das Kind will uns nachahmen, denn dadurch lernt es, die Welt zu verstehen. Es sieht die Erwachsenen aber eher selten mit seinem Spielzeug hantieren, sondern an Tastaturen, dem Telefon oder mit einer Zeitung. Bei uns ist bisher alles so genannte „Spielzeug" – außer den Musikinstrumenten, die mein Mann und ich ja auch spielen, – schnell uninteressant geworden.

Die Nähe der Eltern und soziale Kontakte zu anderen Kindern und Erwachsenen können so manches Spielzeug ersetzen.

Auch hier lautet mein Motto „weniger ist mehr“ und oft geht es auch ohne, genau wie bei den Windeln. Eine windelfreie Erziehung ist auch für die Umwelt förderlich. Wenn ich Besuch von Müttern mit Babys hatte, muss ich danach fast immer meinen Restmülleimer leeren. Allein schon deshalb liegt für mich klar auf der Hand, dass Papierwindeln eine Umweltbelastung sind, die nicht sein müsste. Auch das Waschen von Stoffwindeln verbraucht Energie und Wasser.

Mit einer windelfreien Erziehung handeln wir nicht nur ökologisch, sondern auch ökonomisch verantwortungsvoll. Auch wenn teilweise Windeln benutzt werden, ist die Ersparnis von Geld und Ressourcen enorm. Ein Kind verbraucht bei der herkömmlichen Sauberkeitserziehung im Schnitt ein bis zwei Tonnen Windeln, bis es trocken ist. Können sie sich vorstellen, dass es gewisse Marketingstrategien gibt, die darauf ausgelegt sind, Kinder möglichst lange in Windeln zu stecken oder so schnell wie möglich abzustillen? Würden alle Mütter stillen und alle Eltern ihre Kinder windelfrei erziehen, bräche ein immens großer Industriezweig zusammen, denn mit diesen Methoden lässt sich kein Geld verdienen. Selbst wenn nur die Hälfte aller Eltern ihre Kinder ohne Windeln erziehen würde, hätte die Windelindustrie enorme Einbußen. Das ist mit ein Grund, warum sich diese alte Praxis nicht so schnell verbreitet.

Wege zur Windelfreiheit

Dein Kind sei so frei es immer kann.
Lass es gehen und hören,
finden und fallen,
aufstehen und irren.
- Johann Heinrich Pestalozzi

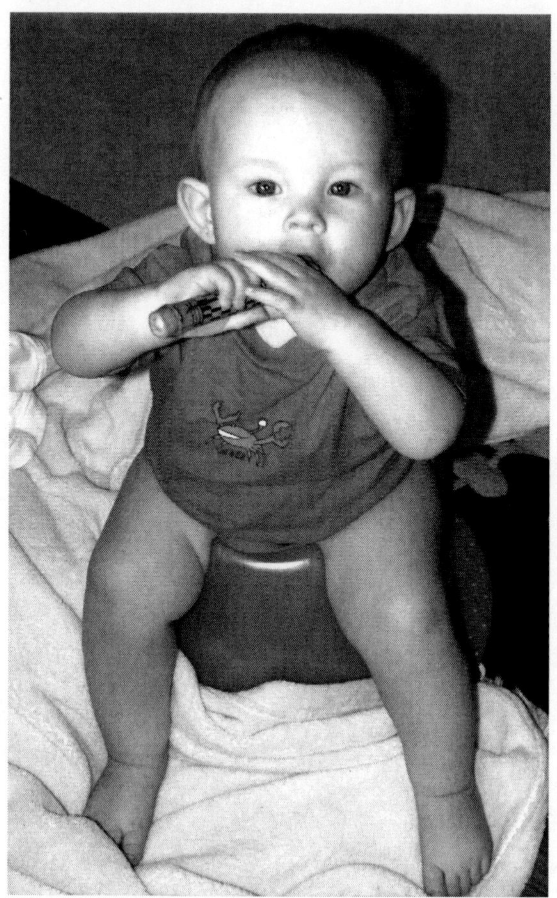

Unser Sohn auf dem Töpfchen

Wie die meisten Frauen habe ich erst in der Schwangerschaft begonnen, mich für Themen wie Säuglingspflege zu interessieren. Zunehmend finden immer mehr Mütter und auch Väter in den westlichen Gesellschaften zurück zur windelfreien Erziehung. Nachdem ich mich ausführlich mit der Thematik („Windel oder keine oder beides?“, „Wolle oder Papier oder beides?“) beschäftigt hatte, fühlte es sich stimmig an, es ohne Windel zu versuchen, und wenn es denn mal sein muss, ohne schlechtes Gewissen Wolle oder Papier zu gebrauchen. Heute kann ich mir gar nicht mehr vorstellen, mit der Sauberkeitserziehung so lange zu warten, wie es die sogenannten Experten vorschlagen. Mit der Zeit wird jeder zu seinem eigenen Experten. Für mich gilt heute der Grundsatz: So natürlich wie möglich und je nach Situation.

Als wir vor ein paar Jahren im Sommer unterwegs waren, lernte ich eine interessante Frau aus Kalifornien kennen, die ihren dreijährigen Sohn auch windelfrei erzogen hatte. Sie erzählte mir, dass dort viele Frauen Windelfreiheit praktizieren. Es boomt geradezu. Auch wenn ich auf sogenannte Trends nicht viel gebe, da sie schnell wieder in der Versenkung verschwinden und durch etwas anderes ersetzt werden, freute ich mich, das zu hören. Ich hoffe, dass sich aus diesem Trend etwas entwickelt, das Bestand hat – durch Sinnhaftigkeit. Und sinnvoll ist eine windelfreie Erziehung in vielfältiger Hinsicht. Nicht nur ihr Kind, sondern auch die Natur zieht ihren Nutzen daraus.

Hier möchte ich gerne ein paar erklärende Worte einfügen, damit besser verstanden wird, wie Ausscheidung funktioniert. Unser Körper weiß ganz genau, was er wann und wie tut. Er weiß, wann er Hunger hat, wann er Kot und Urin ausscheiden muss oder möchte. Wir alle kennen das aus eigener Erfahrung, und warum sollte es bei unseren Kindern anders sein?

Der Körper
sorgt unentwegt dafür,
dass wir unsere
Grundbedürfnisse wahrnehmen,
genauso wie er dafür sorgt,
dass wir atmen,
unser Herz schlägt,
und unsere Haare und Nägel wachsen.

Babys nehmen den Verdauungsprozess bewusst wahr, nicht nur dann, wenn Blähungen sie plagen. Unsere Blase meldet sich, wenn sie die halbe Menge ihres Fassungsvermögens erreicht hat, zum ersten Mal. Normalerweise gehen wir diesem Drang nach, der durch einen Reflex bei der Ausdehnung der Blase erzeugt wird. Entspannt sich der innere Blasenmuskel, kann der Urin durch die Harnröhre abfließen. Dies geschieht unwillkürlich. Der äußere Blasenmuskel lässt sich bewusst kontrollieren. Wenn wir diesen entspannen, urinieren wir. Nach dem gleichen Prinzip funktioniert auch die Entleerung des Stuhls. Ausscheidung hat also etwas mit Entspannung und Loslassen zu tun.

Was mich immer wieder fasziniert, ist die Erkenntnis, dass unser Sohn und unsere Tochter warten, wenn es gerade nicht so günstig ist. Auch morgens: Die Kinder warten tatsächlich, bis wir das Töpfchen geholt und sie draufgesetzt haben, um dann loszulassen. Die Signale, die der Körper aussendet, wenn er sich entleeren will, nehmen wir von Anfang an wahr, und wer sein Kind beobachtet, weiß das auch.
Wenn die Entscheidung zu einer windelfreien Erziehung gefällt wurde, kommen natürlich viele Fragen auf.

Wichtig ist, uns
und auch dem Kind
zu vertrauen,
dass wir fähig sind,
eine Symbiose
miteinander aufzubauen.
Werden wir feinfühlig
für den Rhythmus des Kindes,
verliert es diesen nicht,
und wir haben die Chance,
zu lernen selbst wieder
den Moment zu leben.

Windelfreie Erziehung sollte auf keinen Fall in einen Wettstreit ausarten. Es wird immer mal Phasen geben, in denen es daneben geht. Die Kleinen sind dann eben mit anderen Dingen beschäftigt. Es gibt schließlich so viel zu lernen. Auch sollten die Eltern sich nicht selbst unter Druck setzen. Es ist völlig in Ordnung, auch mal nicht bei der Sache zu sein. Das Umtrainieren eines zwei bis dreijährigen Kindes, also die Umstellung von Windel auf Töpfchen oder Toilette, dauert ja auch nicht nur ein paar Tage. Im Gegenteil. Schließlich müssen lang antrainierte Verhaltensweisen, die zur Gewohnheit geworden sind, aufgebrochen werden. Es ist wie bei allen Gewohnheiten. Es dauert meiner Meinung nach mindestens drei Wochen, meist aber viel länger, bis eine Gewohnheit aufgegeben werden kann.

Zu der Frage, wann am besten begonnen werden soll, kann ich nur sagen, zu jeder Zeit und am besten von Anfang an. Ich habe unseren Sohn die ersten Tage und Wochen fast ausschließlich an meinem Körper getragen und ihn und seine Signale beobachtet. Da an den ersten Lebenstagen das sehr klebrige, dunkelgrüne bis schwarze Mekonium (Kindspech) ausgeschieden wird, ist zu empfehlen, ein Tuch unterzulegen. Wenn sie die Ausscheidung mitbekommen, können sie ein Papiertuch dran halten. Das Kindspech klebt so gut, dass man es dann gut und ohne viel Geschmiere aufnehmen kann.

Wenn das Baby muss, kann man Schlüssellaute, die man sich vorher ausgesucht hat, sagen. Die Worte Pipi und Kacka sind nicht zu empfehlen, da sie auch von anderen gebraucht werden. Es könnte so leicht zu Missverständnissen kommen. Besser ist es, sich am Vorgang zu orientieren und für Pipi ein eher fließendes Geräusch und für Kacka etwas wie ein leichtes Stöhnen zu gebrauchen. Da das Kind nicht so oft Stuhlgang hat, wie es urinieren muss, fällt es am Anfang einfacher, auf die Ausscheidungen des Stuhls einzugehen. Morgens nach dem Schlafen das Kind abzuhalten ist sinnvoll, da die Blase dann voller ist. Unser Kleiner hatte fast jeden Morgen regelmäßig Stuhlgang und musste Pipi.

Unsere Tochter legt nicht so eine Regelmäßigkeit an den Tag, doch bekommen wir es gut mit, wenn sie groß muss, denn sie macht vorher Drückgeräusche, wobei sich manchmal ihr ganzer Körper anspannt. Je später mit der Erziehung zur Windelfreiheit begonnen wird, desto schwieriger kann es werden, da das Kind schon gelernt hat, dass auf seine Ausscheidung nicht reagiert wird und es dem gegenüber auch gleichgültig geworden ist. Da heißt es, nicht die Geduld verlieren und am Ball bleiben.

Auch eine Mischung
von Windelfreiheit
und Windeln ist möglich,
sobald ihr Kind weiß,
worum es geht.
Es sollte sich nur nicht daran gewöhnen,
in die Hose machen zu können.

Das heißt, auch mit Windel muss auf die Signale des Kindes und auf die eigene Intuition gehört und reagiert werden. Am besten einfach mal ausprobieren, denn die eigenen Erfahrungen sind bekanntlich die besten Lehrer. Viele Kinder krümmen sich zusammen, ziehen also die Beine an den Bauch. Oft haben sie auch einen abwesenden Gesichtsausdruck. Wenn sie den bemerken, könnte es allerdings auch schon zu spät sein. Doch jedes Kind ist anders. Das eine macht bestimmte Geräusche, ein anderes hat einen bestimmten Ausdruck im Gesicht und wieder ein anderes macht spezielle Bewegungen.

Abhaltepositionen

Man kann in Kinder
nichts hineinprügeln,
aber vieles herausstreicheln.
- Astrid Lindgren

Papa hält unseren Sohn über einer Schüssel ab

Am Anfang muss es noch kein richtiges Töpfchen sein. Da das Kind sowieso gestützt und gehalten werden muss, tut es auch eine ausgediente Schüssel. Je nachdem, wie alt das Kind ist, gibt es verschiedene Positionen für das Abhalten. Wichtig ist, dass das Kind gut abgestützt wird, solange es noch nicht selbstständig sitzen kann. Dafür bietet sich der eigene Körper an, was zusätzlich noch Vertrauen gibt. Ansonsten gilt auch hier auszuprobieren, welche Position ihnen und dem Kind am angenehmsten ist. An verschiedenen Orten sind oft verschiedene Positionen angebracht. Man kann das Töpfchen oder die Schüssel zwischen die Beine klemmen und den Rücken des Babys an seinem Bauch abstützen. Im Freien geht das auch ohne Schüssel im Stehen oder in der Hocke. Auf der Toilette setzt man das Kind vor sich oder hält es wie über der Schüssel.

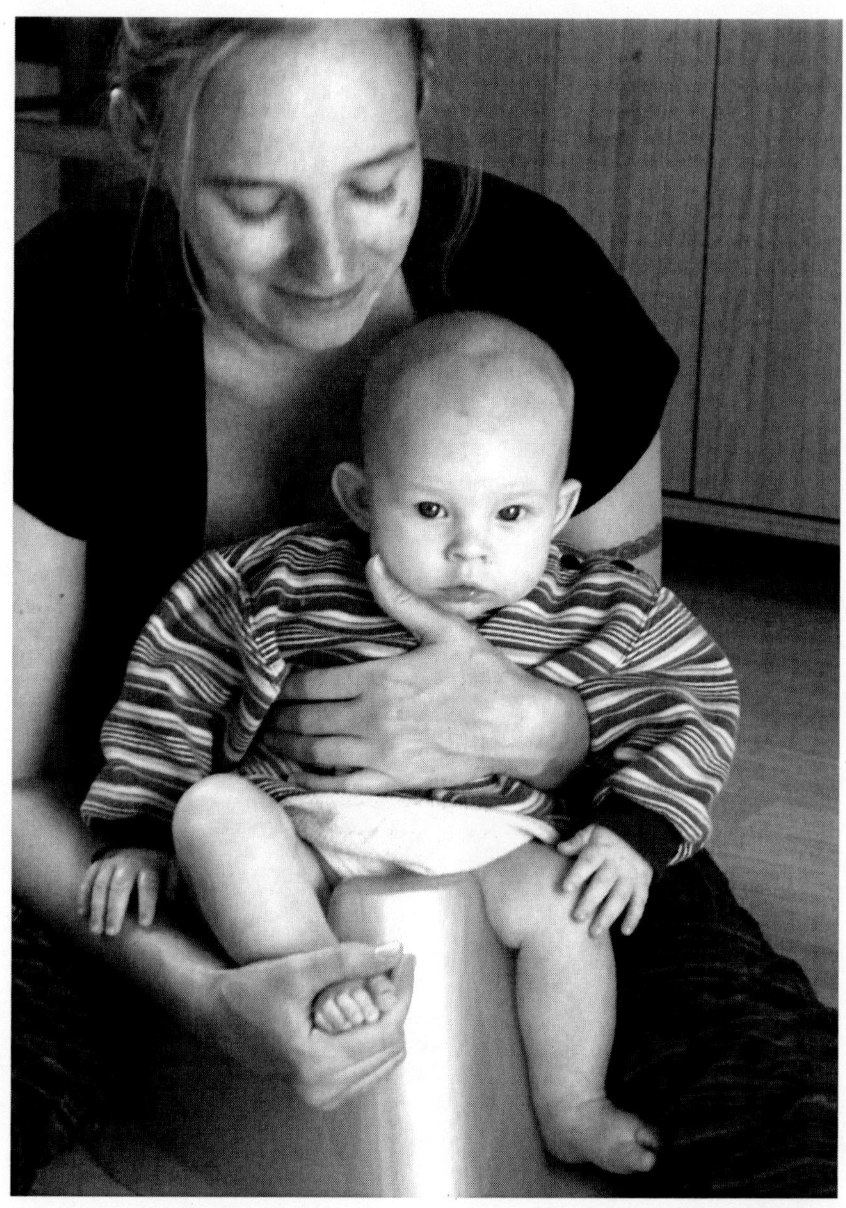

Hier gehts ins große Töpfchen

Outdoor

Sobald sie sitzen können, ist das Töpfchen zu Hause die erste Wahl

Probleme meistern

Kinder wollen nicht
auf das Leben vorbereitet werden,
sie wollen leben.
- Ekkehard von Braunmühl

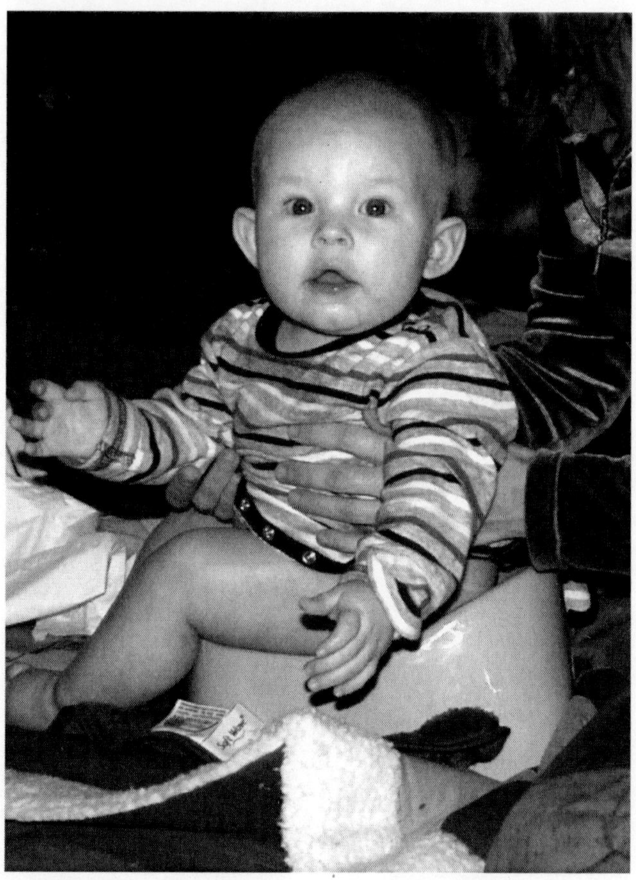

Heute will ich aber nicht

Egal ob mit oder ohne Windeln, früher oder später tauchen sie doch auf, die mehr oder weniger kleinen Probleme. Wenn wir sie als Chancen betrachten, dazuzulernen und daran zu wachsen, werden wir schnell Lösungen finden, die uns weiterbringen.

In der ersten Schwangerschaft mit meinem Sohn hatte ich mich als unerfahrene Erstgebärende von meiner Frauenärztin überzeugen lassen, ambulant im Krankenhaus zu entbinden, obwohl ich schon lange der Meinung bin, dass Geburten nicht in ein „Haus für Kranke“ gehören. Ich ließ mich jedoch nicht dazu hinreißen, obwohl ich öfter darauf angesprochen wurde, einer Fruchtwasseruntersuchung zuzustimmen. Bei meiner Tochter wusste die Frauenärztin schon von meiner Einstellung und stimmte mit mir überein, als ich ihr erklärte, ich wolle eine Hausgeburt machen. Sie bot mir sogar an, dass ich sie anrufen könne, falls es zu irgendwelchen Komplikationen kommen sollte. Obwohl ich keine Gedanken an irgendwelche Komplikationen verschwendete, fand ich ihr Angebot sehr nett, denn es ist heutzutage nicht selbstverständlich. Im Gegenteil. Meist wird einer schwangeren Frau nahegelegt, im Krankenhaus zu entbinden, vor allem, wenn die Frau älter als fünfunddreißig ist. Als unser Sohn nach der Geburt gewaschen war, zog ihm die Hebamme seine erste Papierwindel an. So schnell konnte man gar nicht eingreifen. Ich konnte es gar nicht erwarten, die Station zu verlassen, um ihm dieses Ding wieder auszuziehen.

Doch kam es erst mal anders, als ich es mir vorgestellt hatte. Ich stand schon angezogen und mein süßes winziges Bündel im Arm da, als der Arzt mir sagte, meine Blutwerte würden auf eine Entzündung hindeuten, und es wäre besser für mich und vor allem für das Kind, noch eine Nacht zur Beobachtung zu bleiben. Mir wurde auch gesagt, dass ich, falls ich mich entscheiden sollte zu gehen und dann etwas mit meinem Sohn sei, nicht zurückkommen, sondern in eine Kinderklinik müsse, in der ich dann allerdings nicht über Nacht bei meinem Kind bleiben könne. Nach zwei Tagen Wehen und einer doch recht anstrengenden natürlichen Geburt war ich doch zugegebenermaßen etwas ausgelaugt, und so ließ ich mich vom Stationsarzt überreden, die Nacht im Krankenhaus zu verbringen. Es war überhaupt die erste Nacht, die ich bewusst in einem Krankenhaus verbracht hatte. Es war sehr laut, ich hörte Kinder schreien. Alle außer meinem kleinen Sohn, den ich aus diesem Glaskasten, der als Babybett diente, genommen hatte und der selig auf mir schlief, machen hier einen Lärm, es kam mir jedenfalls so vor, und ich beschloss, käme ich noch mal in diese Situation, anders zu handeln und auf mich zu hören. Das tat ich auch, und meine Tochter hat das Licht der Welt bei uns zu Hause erblickt, und ich kann nur sagen, das war ein komplett anderes Erlebnis.

Im Nachhinein ärgerte ich mich über die Methoden des Arztes, der in mir Angst erzeugte und so eine weitere Nacht an mir verdiente. Bei der folgenden Untersuchung bei meiner Frauenärztin, am nächsten Tag, stellte sich heraus, dass mit meinem Blut alles in Ordnung war. Auch der Kinderarzt meinte, dass mein Kleiner gesund aussieht und er ihn nicht unnötig mit der Spritze pieken will. Trotzdem hatte der Krankenhausarzt eine Unsicherheit in mir erzeugt, über die ich erst mal hinwegkommen musste. Zudem waren meine Pläne gescheitert, die ersten Tage zurückgezogen und ohne Stress und Hektik mit meiner kleinen Familie zu verbringen. Stattdessen hatte ich gleich Termine bei der Frauenärztin und dann beim Kinderarzt, die sich im Nachhinein als überflüssig herausstellten.

Ich lernte daraus,
noch mehr in mich hineinzufühlen,
wenn mich jemand
nicht nur in Bezug auf mein Kind
von etwas zu überzeugen versuchte.

Es hängt natürlich auch viel von der eigenen Einstellung ab, ob eine Situation als problematisch angesehen wird oder nicht. Sicher kann ich Angst um meinen Perserläufer oder meinen Teppich haben, um mich nochmals diesem Beispiel zuzuwenden, wenn mein Kind unten ohne durch die Zimmer flitzt. Ich kann ihn aber auch für einen gewissen Zeitraum in die Kammer oder auf den Dachboden verbannen. Oft scheinen die Gründe, die gegen etwas sprechen, zu überwiegen, doch Hindernisse entstehen meist nur in unserem Kopf, und für alles lässt sich mit einer veränderten Einstellung eine Lösung finden. Nichts und niemand ist perfekt, doch das macht das Leben ja erst so spannend. Entwicklung passiert, wenn aus Fehlern gelernt wird. Unser Sohn führt uns, wenn es mal daneben ging, zu der Stelle, zeigt mit dem Finger darauf, schüttelt den Kopf und sagt nein, nein, nein. Er weiß, dass die Pfütze nicht dort hingehört und macht uns darauf aufmerksam.

Wir brauchen uns da nichts vorzumachen, egal wie gut eine windelfreie Erziehung funktioniert, es kommt der Tag, an dem eine Pfütze auf unserem frisch geputzten Boden glänzt, der Geruch uns unwillkürlich zu einem kleinen Häuflein führt, die Matratze doch was abbekommen hat oder die frisch angezogene Hose vor Feuchtigkeit trieft. Das passiert selbstverständlich auch bei der herkömmlichen Methode, wenn ein Kind trocken werden soll. Der Urin, besonders der von kleinen Kindern, ist steril. Auch riecht frischer Urin von unseren Babys nicht. Er fängt erst an zu riechen, wenn sich Ammoniak bildet, selbst bei Erwachsenen riecht frischer

Urin zuerst nach Gemüsebrühe mit einer Mischung von dem, was wir zu uns genommen haben, einen wirklich unangenehmen Geruch entwickelt er erst, wenn er abgestanden ist und sich durch bakterielle Umwandlung der stechende Geruch von Ammonik einstellt. Dass wir sofort die Nase rümpfen, ist wohl eher anerzogen. Haben wir nicht alle noch das Pfui-Bäh im Kopf, das wir als Kinder oft gehört haben?

Uns sollte klar sein,
dass unsere Ausscheidung
von Urin und Kot
eine natürliche Funktion
unseres Körpers ist.

Leider wird gerade in unserem westlichen Kulturkreis die eigene Körperlichkeit tabuisiert und damit schon im frühsten Kindesalter ein Schamgefühl geweckt, für das es keine Gründe gibt.

Wenn nun etwas daneben geht, ist es sinnvoll, das Kind nicht glauben zu lassen, es hätte einen Fehler gemacht. Am besten reagiert man so darauf, als ob es einen normalen Gegenstand fallen gelassen hat. Oft war man ja mit der eigenen Aufmerksamkeit ganz woanders und hat selbst die Signale nicht mitbekommen. Manchmal traut man auch seiner eigenen Intuition nicht über den Weg. Mir und meinem Mann ist es mehr als einmal passiert, dass ein Gefühl uns sagte, nun sei es mal wieder so weit. Oft haben wir es auch laut geäußert, aber nicht sofort reagiert. Da mussten wir uns nicht wundern, wenn keine Minute später eine Panne passierte. Das passiert uns im Übrigen jetzt noch bei unserer Tochter.
Grundsätzlich sollte man darauf achten, keine negativen Gefühle aufkommen zu lassen, denn diese können beim Kind falsch an-

kommen und es fängt an, seiner eigenen Körperfunktion zu misstrauen. Also ist es am besten, gelassen zu bleiben und es mit Humor zu nehmen. Es dauert höchstens eine Minute, die Pfütze wegzuwischen, und diese Zeit sollten wir uns nehmen.

Ich will aber runter

Zwischenzeitlich gab es auch immer wieder Phasen, in denen unser Sohn sich weigerte, aufs Töpfchen zu gehen oder abgehalten zu werden. Dann machte er sich ganz steif oder fing an, sich wie ein Aal zu winden, dass man ihn kaum halten konnte, auch wenn dann keine zwei Minuten später eine Pfütze auf dem Boden landete. Dann lohnt es sich, zu überlegen, was ihr Kind ihnen damit mitzuteilen hat. Möglicherweise steckt es gerade mal wieder in einem Prozess der Selbstfindung. Dazu gehört es auch, seinen Willen auszuprobieren, egal ob es gerade sinnvoll ist oder nicht. Just im Moment befindet sich unsere Tochter an so einem Punkt, und mein Mann will ihr des Öfteren am liebsten eine Windel anziehen. Diese Phase ist jedoch schon wieder am Abklingen. Manchmal liegt es vielleicht auch daran, dass man selbst im Stress steckt und das Kind es so umsetzt, um uns zu zeigen, dass wir selbst mit unseren Gedanken nicht bei der Sache sind. Da hilft es, mal in sich selbst reinzuhorchen.

Die fließenden Übergänge
des Wachstums
und des Lernens sind so subtil,
und das Kind braucht es,
sich von Zeit zu Zeit ausprobieren
zu können.

Um Pannen unterwegs bei Flügen oder bei längeren Autofahrten zu vermeiden, bekam unser Sohn auch mal eine Windel an. Bei unserer Tochter halten wir das genauso. Trotzdem machen wir dann in regelmäßigen Abständen eine Pause, um sie abzuhalten. Wir bieten ihr an, Pipi oder Kacka zu machen, und danach geht's bei Bedarf noch eine Runde an die Brust. Damit sind wir auch damals bei unserem Sohn sehr gut gefahren. Beim Spazierengehen kann die Windel auch weggelassen werden. Im Wald oder in der freien Natur bietet es sich ja regelrecht an, Bäumchen zu gießen oder bei schon größeren Jungen ein Weitpinkeln mit Papa zu veranstalten.

Einfach locker und entspannt zu bleiben, wenn es mal daneben geht, ist sicherlich eine gute Übung für das Leben. Allen, die jetzt Lust bekommen haben, es auch mit der Windelfreiheit zu probieren, wünsche ich viel Freude und ein gutes Gelingen.

Ich
leckere nicht
ich dekoriere!

Ernährung

Mit einer Kindheit voller Liebe
kann man ein halbes Leben hindurch
die kalte Welt aushalten.
- Jean Paul

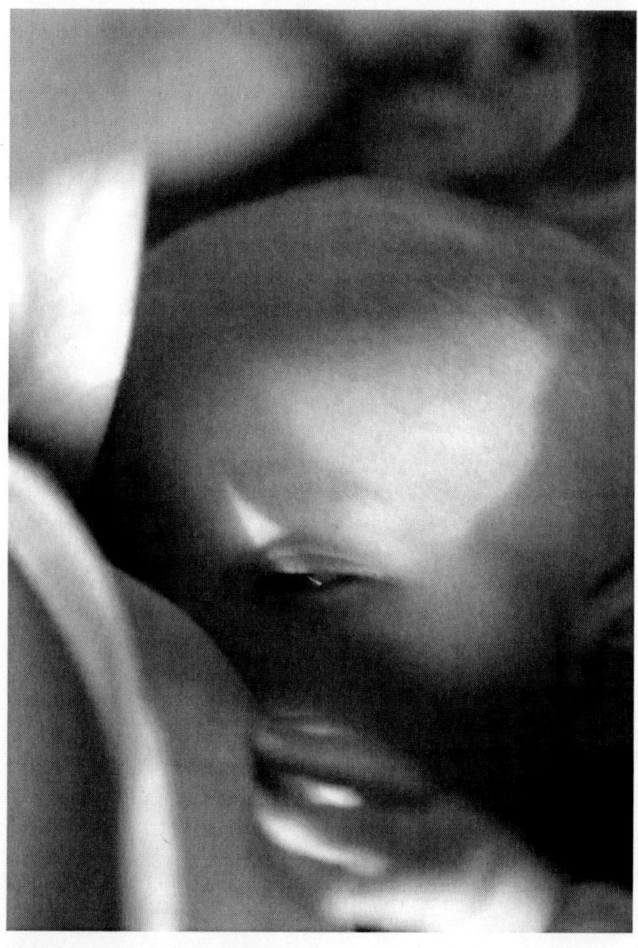

Nur das Beste aus der Natur

Die Redensart »Das Land, in dem Milch und Honig fließen« wird in der Bibel oft benutzt. Es wird angenommen, dass damit das heutige Israel gemeint ist.

2. Mose 3,8:
8 Und ich bin herniedergefahren, dass ich sie errette aus der Ägypter Hand und sie herausführe aus diesem Lande in ein gutes und weites Land, in ein Land, darin Milch und Honig fließt, in das Gebiet der Kanaaniter, Hetiter, Amoriter, Perisiter, Hiwiter und Jebusiter.

Jeremia 11,5:
5 damit ich den Eid halten kann, den ich euren Vätern geschworen habe, ihnen ein Land zu geben, darin Milch und Honig fließt, so wie es heute ist. Ich antwortete und sprach: HERR, ja, so sei es!

Im Grunde sind damit wohl paradiesische Zustände gemeint, also ein „Land“, in dem es sich gut leben läßt. Für mich symbolisiert diese Redensart jedoch die Stillzeit, wenn nach Bedarf gestillt wird.

Muttermilch

Darum liebe ich die Kinder,
weil sie die Welt
und sich selbst
noch im schönen Zauberspiegel
ihrer Phantasie sehen.
- Theodor Storm

Wenn Mutter Natur
es nicht vorgesehen hätte,
Kinder zu stillen,
gäbe es wohl keine Brüste.
Die Natur hat
in idealer Weise dafür gesorgt,
dass Babys stets
die richtige Nahrung zur Verfügung steht,
die für die geistige
und körperliche Entwicklung
des kleinen Wesens
notwendig ist.

Die von Frauen als Säuglingsnahrung gebildete Milch wird Muttermilch genannt. Die Brust bereitet sich bereits während der Schwangerschaft auf die Produktion der Milch vor. Der Milcheinschuss kann auch etwas unangenehm sein und ein Spannungsgefühl erzeugen, doch hilft das Stillen direkt nach der Geburt und in den Wochen danach der Gebärmutter, sich wieder zusammenzuziehen. Wird nicht gestillt oder das Stillen unterbrochen, geht die Produktion der Milch zurück. Im Normalfall wird die richtige Menge produziert, die Milch ist immer frisch, stets verfügbar und ändert ihre Zusammensetzung von Nährstoffen, Vitaminen und Mineralien je nach Bedarf. Sie lässt sich eben nicht nachmachen, auch wenn Hersteller von Babyersatznahrung uns das glauben machen wollen. Sie hat zu jeder Zeit die richtige Temperatur und ist sehr bekömmlich und leicht verdaulich. Im Vergleich zu Kuhmilch enthält Muttermilch weniger Eiweiß, was gut ist für die noch sehr empfindliche Niere des Babys. Sie enthält mehr Kohlenhydrate und spezielle Antikörper (Immunglobuline), die zusammen mit den Immunglobulinen, die das ungeborene Kind schon über den Mutterkuchen aufgenommen hat, vor Krankheitserregern schützen und so einen natürlichen Nestschutz aufbauen. Darüber hinaus gibt das Stillen dem Kind ein Gefühl der Geborgenheit, des Selbstvertrauens, der Sicherheit und es weiß, ich bin hier richtig, hier werde ich angenommen und gehöre dazu. Um das zu sehen, muss man nur sein Kind beim Stillen beobachten.

Ist das Baby nach der Geburt wohlauf, beginnt es normalerweise innerhalb der ersten zwei Lebensstunden nach der Brust der Mutter zu suchen. Neugeborene haben einen stark ausgeprägten Geruchssinn und die Fähigkeit, Hell-Dunkel-Kontraste zu erkennen. Diese Fähigkeiten erlauben ihm, anhand des Geruchs der Brustwarze und der seit der Schwangerschaft dunkleren Pigmentierung des Warzenhofes, die Brustwarze zu finden und sich anzusaugen.

Die jetzt in der Brust gebildete Vormilch, auch Kolostrum genannt, enthält eine hohe Anzahl an Immunstoffen, die das Neugeborene vor Keimen in seiner Umgebung schützt.
Stillt man sein Kind nach Bedarf, also wann immer es möchte, wird genau die Milchmenge produziert, die den Bedarf deckt. Deshalb kommen viele Mütter mittlerweile auch wieder von festgelegten Zeiten ab. Trägt man sein Kind, in einem Tragetuch oder in einer Trage am Körper, ist es sogar jederzeit in der Lage, an die Quelle zu kommen oder zumindest darauf aufmerksam zu machen, dass jetzt bitte ausgepackt wird.

Wenn rigide
alle vier Stunden angelegt wird,
kann es passieren,
dass man bald zu wenig Milch hat,
da die Balance
zwischen dem Bedarf des Kindes
und der Produktion der Mutter
gestört ist.

Das Verhältnis der Bestandteile in der Muttermilch verändert sich je nach Alter des Säuglings. So wird von Natur aus einer Unterversorgung bestens vorgebeugt und das Kind bekommt jederzeit eine auf es abgestimmte Nahrung. Die Neugeborenenmilch besteht aus einer cremig gelblichen Konsistenz und enthält viel Eiweiß, Vitamine und Abwehrstoffe. Das Kolostrum steht dem Neugeborenen direkt nach der Geburt zur Verfügung und ändert innerhalb der nächsten fünf Tage seine Zusammensetzung. Die Antikörper schützen das noch relativ krankheitsanfällige Neugeborene. Deshalb ist es gut, das Baby direkt nach der Geburt trinken zu lassen. Durch die Vormilch ensteht im Magen und im Darm eine Schutzschicht.

Die Milch der Mütter
von zu früh Geborenen
hat eine besondere Beschaffenheit.
Sie enthält wesentlich mehr Abwehrstoffe
als normal und eine spezielle Fettsäure
für das noch unreife Hirn.

Auch wenn die Babynahrungsindustrie uns glauben machen will, dass ihr Produkt besser und ohne Schadstoffe ist, oder noch schlimmer: Studien auf den Markt wirft, in denen vom Stillen abgeraten wird, da Muttermilch angeblich voller Schadstoffe und Schwermetalle ist, geht meiner Meinung nach nichts über die Muttermilch und ihr Ersatz ist keine qualitativ gleichwertige Alternative. Die Zusammensetzung künstlicher Säuglingsnahrung wird nie so vollkommen und anpassungsfähig sein wie Muttermilch.
Stillen ist kostenlos, spart Zeit und Energie und geht wie die windelfreie Erziehung nicht auf Kosten der Umwelt. Sind das nicht schon ein paar gute Gründe? Desweiteren hat die Mutter, egal wo sie ist, immer alles dabei. Das einzige, das sie suchen muss, ist ein ruhiges Plätzchen, aber das sollte sie, wenn sie mit der Flasche füttert, auch tun. Ich bin oft sehr froh, nicht noch allerlei Vorbereitungen treffen zu müssen. Unterwegs brauche ich mich nicht mit Babynahrung abzuschleppen oder mir Gedanken machen, wie ich denn jetzt das Glas mit dem Brei warm bekomme oder wo es entsorgt werden kann.

Der Entschluss, zu stillen

Kinder,
die viel lachen,
kämpfen auf der Seite der Engel.
- Rabanus Maurus

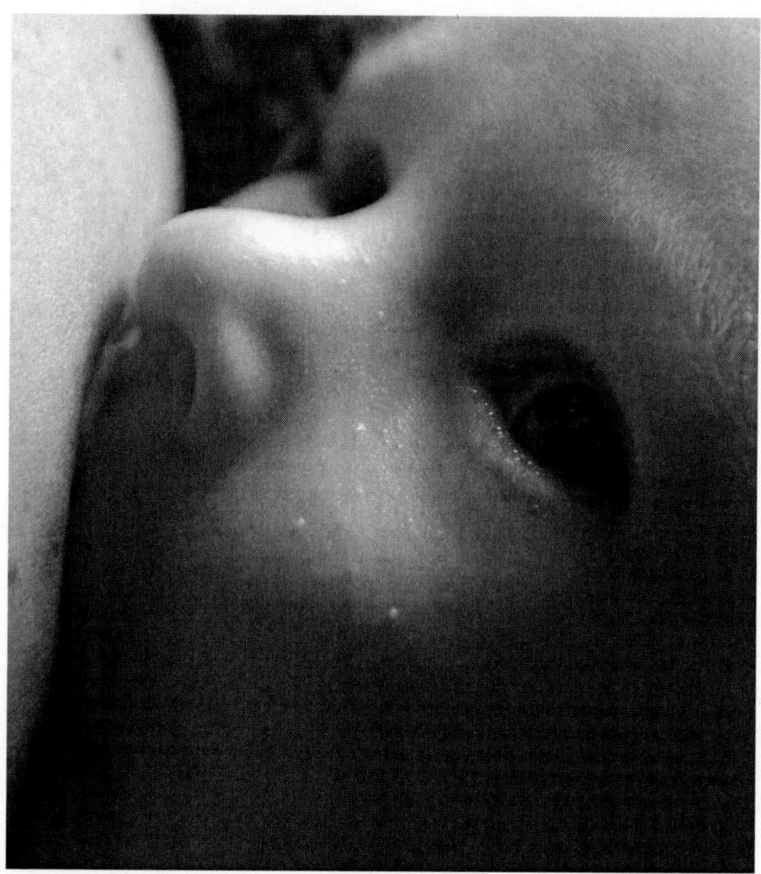

Unser Sohn wird gestillt

Im Althochdeutschen,
also seit dem
8. Jahrhundert nach Christus,
kennt man das Wort
„Stillen“
als Synonym von „Säugen“.

Wahrscheinlich ist „Stillen“ eine Ableitung des Wortes „Stille“ oder des Adjektivs „still“. Obwohl so alt, wurde im Neuhochdeutschen erst seit dem 16. Jahrhundert das Wort „Stillen“ anstelle von „Säugen“ verwendet. Beides wird noch im Sprachgebrauch benutzt, nur wird jetzt häufiger vom „Stillen“ als vom „Säugen“ gesprochen.

Viel hängt von der bewussten Entscheidung stillen zu wollen ab. Eine bewusste Entscheidung trifft man am besten mit dem Herzen. Es bringt nichts, wenn der Verstand dir sagt „Stille dein Kind“ und deine Gefühle, warum auch immer, sich dagegen sträuben. Ist man sich nicht sicher, ob man stillen möchte, oder hat insgeheim eine Abneigung gegen das Stillen, kann das zu Problemen führen. Der Körper reagiert auf die Abneigung mit Stress, was für Mutter und Kind eher abträglich ist, und dann hat man vielleicht zu wenig Milch, die Brustwarzen reagieren mit Schmerzen oder entzünden sich schnell oder das Anlegen funktioniert nicht richtig. Dann ist es auf jeden Fall besser, das Kind mit der Flasche liebevoll zu ernähren, da sich ansonsten negative Gefühle auf das Kind übertragen können.
Durch Fehlinformationen glauben viele Frauen, dass sie nicht stillen können. Für Frauen, die das glauben, ist es sinnvoll, sich in eine Stillberatung zu begeben, bevor sie eine Entscheidung treffen. Der Glaube, nicht stillen zu können, wird leider oft schon in den

Krankenhäusern geschürt. Selbst Hebammen raten manchmal dazu, es doch besser mit der Flasche zu probieren. Bei Stillproblemen ist man auch bei der „La Leche Liga“[3] gut aufgehoben.

Es ist reiner Aberglaube,
dass die Größe der Brust
entscheidend ist,
ob gestillt werden kann
oder nicht.

Die Form der Brustwarze wie zum Beispiel bei Schlupfwarzen oder Hohlwarzen stellt normalerweise ebenfalls kein Hindernis dar. Hier bedarf es etwas mehr Übung und Geduld und gegebenenfalls der Hilfe einer Stillberaterin. Auch meine Mutter hat sich wie viele Frauen damals einreden lassen, dass sie mit ihren Brustwarzen sowieso nicht stillen kann. Damals gab es auch kaum Literatur zu Themen der Babypflege, und deshalb geht es nicht darum, unseren Müttern Vorwürfe zu machen. Liebe Mütter, ihr habt euer Bestes getan und tut es noch. Mein Appell an Mütter, die gesagt bekommen haben, sie könnten nicht stillen, ist: „Wenn es geht, einfach ausprobieren und sich eine eigene Meinung bilden.“
Mal abgesehen von den vielen Kriterien der Ernährungsphysiologie (Schutz vor Infektionen) des Stillens haben für mich die seelischen Gesichtspunkte einen sehr großen Stellenwert. Während der Schwangerschaft hat sich im Regelfall ja schon eine enge Beziehung zwischen Mutter und Kind aufgebaut, und das Stillen ist eine gute Basis, diese zu vertiefen. Das Urvertrauen des Kindes wird gestärkt, die Intuition und der Instinkt der Mutter gefördert.

---

[3] H. Neuenschwader u. a.: Das Handbuch für die stillende Mutter. Das umfassende Nachschlagewerk für den Stilltag, 2001, La Leche Liga International, ISBN 3-906675-02-5

Es war und ist für mich
ein unbeschreibliches Gefühl,
das Wissen zu leben,
ein Lebewesen
aus mir selbst
heraus zu ernähren,
den Geruch
des saugenden Babys
in mich aufzunehmen
und es stundenlang
an meinem Körper zu tragen.

Ich habe mich oft darüber gewundert, wie fit ich nach den vielen wachen Nächten war. Im ersten halben Jahr hatte ich bei beiden Kindern das Gefühl, gar nicht geschlafen, sondern höchstens mal geruht zu haben. Auch konnte ich in allen möglichen Positionen ruhen, was mir sonst nicht gelingt. Durch das Prolaktin, ein Hormon, das das Wachsen der Brustdrüsen während der Schwangerschaft anregt und zur Milchproduktion führt, sinkt das Schlafbedürfnis und man wird geduldiger.

Das war auch gut so, denn unser Sohn hatte von Anfang an das Bedürfnis, immer nur kurz an der Brust zu saugen und dann daran einzuschlafen, nur um kurz darauf wieder aufzuwachen und weiternuckeln zu wollen. Dieses Stillverhalten wird auch *Clusterfeeding* genannt und ist bei Säuglingen völlig normal. Man muss auch keinerlei Ängste haben, weil es manchmal so aussieht, als würde das Kind nicht satt werden.

Das häufige Saugen ist ein Hinweis an die Brust, die Produktion hochzufahren, weil ein Wachstumsschub bevorsteht. Es gibt laut Kinderarzt G. R. Barnes verschiedene Stilltypen: den Zauderer, den Genießer oder Gourmet, den Träumer, den Aufgeregten und den Barracuda, die sich alle, wie ihr Name schon andeutet, entsprechend verhalten. In der Wikipedia werden die Stilltypen darauf basierend wie folgt beschrieben:[4]

Zauderer:
Diese Kinder haben in den ersten Tagen kaum Interesse an der Brust oder am Saugen. Erst nach dem Milcheinschuss saugen und trinken sie gut. Sie gedeihen dann meist gut. Diese Kinder sollten so oft wie möglich angelegt werden, um den Milchfluss anzuregen. Da dieses Verhalten auch bei Kindern mit gesundheitlichen Beeinträchtigungen auftreten kann, sollte ein Desinteresse an der Brust und am Saugen, welches auch nach dem Milcheinschuss weiterbesteht, abgeklärt werden, wobei besonders auf Dehydrationszeichen und Gewichtsentwicklung geachtet werden muss.

Genießer bzw. Gourmet:
Bevor diese Kinder anfangen zu trinken, spielen sie etwas mit der Brustwarze. Sie saugen, probieren ein bisschen, lassen wieder los, lecken sich die Lippen. Erst danach fangen sie an zu trinken, dann aber gut. Werden sie in der Anfangsphase gedrängt, fangen sie an zu schreien und werden wütend. Die meisten Kinder zeigen beim ersten Anlegen nach der Geburt dieses Verhalten.

Träumer:
Die Träumer trinken ein bisschen, ruhen sich aus und trinken dann wieder. Sie trinken gut, brauchen aber durch immer wieder eingelegte Pausen sehr lange.

---

[4] http://de.wikipedia.org/wiki/Stilltyp (4. Oktober 2012)

Aufgeregter bzw. wenig Effektiver:
Diese Kinder sind beim Anlegen so aufgeregt, dass sie die Brustwarze zwar fassen, aber gleich wieder verlieren und dann anfangen zu schreien. Solche Kinder sollten rechtzeitig angelegt werden, bevor sie hektisch werden. Das Kind kann meist durch Saugen am Finger, Schnuller oder durch etwas ausgedrückte Milch beruhigt werden. Außerdem sollte auf eine entspannte Umgebung geachtet werden. Zeigt ein Kind dieses Verhalten, nachdem es neben der Brust auch die Flasche erhalten hat, so ist an eine Saugverwirrung zu denken.

Barracuda:
Das Verhalten des Stilltyps Barracuda kennzeichnet, dass der Säugling sofort und energisch die Brustwarze erfasst, sobald die Mutter ihre Brust anbietet. Der Barracuda saugt kräftig zwischen 10 und 20 Minuten. Dabei zeigt er kein Zögern oder hält längere Zeit inne. Das Kind sollte bei den ersten Hungerzeichen angelegt werden. Dabei ist das korrekte Anlegen bei diesem Stilltyp von besonderer Bedeutung, um wunde Brustwarzen zu vermeiden. Durch das rasche Trinken schlucken manche Kinder viel Luft, was zu Blähungen führen kann.

Welchem Stilltyp auch immer ihr Baby entspricht, das Baby ist satt, wenn es ungefähr fünfmal am Tag uriniert und in den ersten sechs Wochen mindestens zwei- bis viermal am Tag Stuhlgang hat. (Später reicht auch ein Mal und auch ein Mal in vier Tagen ist im Rahmen des Normalen.) An einer festen Haut kann man ebenfalls erkennen, ob ein Kind wohlgenährt ist.

Ebenso ist es für das Baby wichtig,
so viel Körperkontakt
wie möglich zu haben.
Das Stillen gibt Sicherheit, Geborgenheit
und Urvertrauen.

Der Säugling kann den Geruch der Mutter aufnehmen, ihre Wärme spüren und ihre Stimme hören, während es genüsslich an der Brust saugt. Ich glaube, diese Zeit ist gemeint, wenn in unseren Geschichten vom Schlaraffenland die Rede ist.

Eine günstige Position für das Stillen ist der Wiegegriff[5], bei dem sie den Kopf ihres Babys in der Armbeuge halten und es ihnen zugewandt ist, so dass sie Bauch an Bauch sitzen oder liegen. Worauf man beim Anlegen achten sollte, ist, dass die Brustwarze vom Kind richtig aufgenommen wird, damit es keine Luft schluckt, was häufig zu Blähungen führt.

Bis heute hat sich die Theorie der blähenden Lebensmittel noch nicht bewiesen, doch es kursieren immer wieder Ratschläge und Warnungen, was eine Mutter essen und auf was sie verzichten sollte. Da hilft eigentlich nur eins: ausprobieren. Ich habe bis jetzt nicht herausfinden können, von was die Blähungen bei unseren Kindern kommen, wenn sie welche haben, und habe mittlerweile aufgegeben, mich wilden Spekulationen hinzugeben. Bei Zitrusfrüchten habe ich jedoch das Gefühl, dass die Kleine darauf reagiert. Aber auch da ist jedes Kind anders und vorsichtiges Probieren schadet sicher nicht.

---

[5] http://stillbaby.info/stillpositionen.html

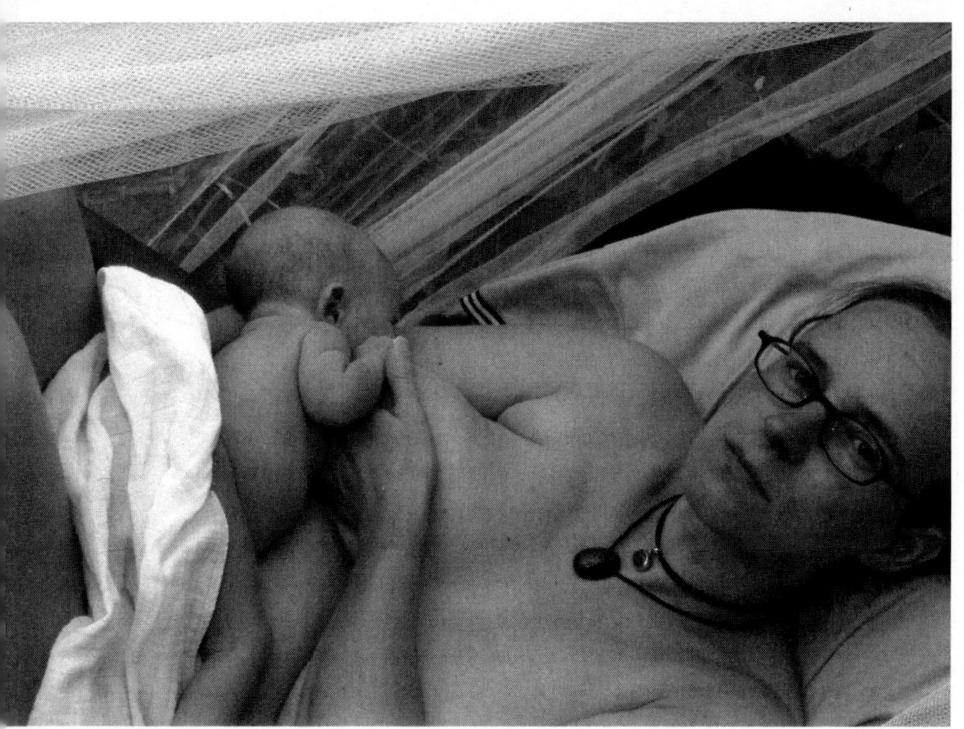

Draußen unter dem Moskitonetz

Stilldauer

Eltern haben zu wenig Respekt
vor ihren Kindern,
so wie Kinder zu viel Respekt
vor ihren Eltern haben.
- Ivy Compton Burnett

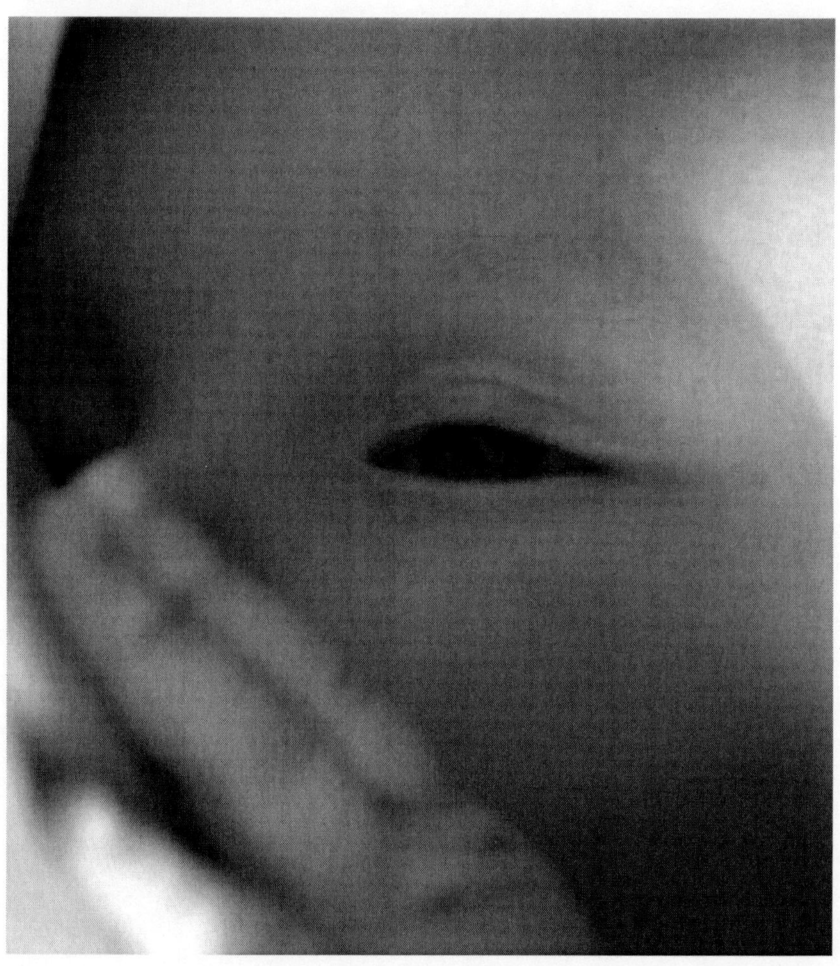

Im Schnitt liegt die Stilldauer weltweit bei ungefähr vier Jahren. Vier Jahre Stillen ist eine lange Zeit, doch in vielen Gebieten unserer Erde ist Langzeitstillen wegen Nahrungsmangel und anderer widriger Lebensbedingungen ein Muss, um die Kinder über die ersten Jahre zu bringen. Bei uns ist das zum Glück nicht so. Trotzdem hatte ich mich dazu entschlossen, mein Kind sich selbst abstillen zu lassen.

In Deutschland
gilt die Regel,
dass nach vier
bis fünf Monaten
beigefüttert
und nach einem
halben Jahr
abgestillt wird.

Die WHO (Weltgesundheitsorganisation) empfiehlt beim Stillen eine Mindestdauer von zwei Jahren, wobei ab einem halben Jahr zugefüttert werden kann. Es ist laut WHO sogar sinnvoll, den Zeitpunkt des Abstillens dem Kind zu überlassen.[6] Ist Stillen nicht möglich, so wäre es gut, Muttermilch abzupumpen und dem Säugling die eigene Milch mit der Flasche zu geben. Geht auch das nicht, so wäre die nächste Option die gespendete Milch einer anderen Mutter. Ist auch dieses nicht möglich, wird als letzte Wahl künstliche Muttermilchersatznahrung aufgeführt.
Oft habe ich gehört, dass die Kleinen noch im Schulalter an meiner Brust hängen würden. Das Gegenteil ist bei unserem Sohn

---

6 http://www.euro.who.int/de/what-we-do/health-topics/disease-prevention/nutrition/news/news/2011/08/in-europe,-65-of-babies-are-still-breastfed-at-3-months-of-age

schon bewiesen. Ich musste mir auch anhören, ich würde ihn nie aus unserem Familienbett hinausbekommen. Auch das ist nicht geschehen. Dabei ist das Familienbett eine äußerst praktische Sache. Nachts liegen bleiben zu können, um sein Kind zu stillen, hat mir mein Vorhaben mit dem Langzeitstillen eindeutig erleichtert. Aussagen wie „Du kannst dein Kind zerdrücken oder ersticken, wenn du dich im Schlaf auf es drauflegst“ sind meiner Meinung nach unbegründet. Als Eltern entwickelt man ein Gespühr für sein Kind, das einen aufwachen lässt, wenn mit dem Kind etwas nicht stimmt.

Mein Sohn hat sich um seinen dritten Geburtstag herum von selbst abgestillt. Sogar ziemlich genau zu dem Zeitpunkt, an dem er in den Kindergarten kam. Es war wirklich lustig, zu beobachten, wie spielerisch er dabei vorging. Erst verlangte er tagsüber immer seltener nach „Mumi“ (Muttermilch). Dann nur noch abends zum Einschlafen. Innerhalb von wenigen Wochen war es dann vorbei mit der Stillerei und für uns beide gab es ein erstes Loslassen, was sehr sanft vonstatten ging. Mit drei Jahren schlief er auch immer wieder mal im eigenen Bett in seinem Zimmer. Er durfte sich aussuchen, wo er schlafen wollte, und die Zeiten, in denen er in unserem Bett schläft, beschränken sich auf ein Minimum. Ritual war und ist noch heute,

dass unser Sohn morgens zum Kuscheln zu uns ins Bett krabbelt, eine schöne Art, geweckt zu werden. Um seinen vierten Geburtstag, an dem er sich eine Schwester wünschte, zeigte er beim gemeinsamen Baden auf meine Brust und wollte wissen, ob denn noch Mumi in der Brust sei. Ich drückte ein wenig auf die Warzen, und zu seiner Freude kam noch ein kleiner Tropfen Milch heraus. „Der ist für das nächste Baby", meinte er dann und war zufrieden.

Um zu den Aussagen zurückzukommen, dass die Kinder ewig nuckeln und nicht aus dem Elternbett zu kriegen seien: Beide sind nicht eingetroffen und ich habe es auch nicht erwartet. Ich glaube, wenn einem Kind in den ersten drei Jahren Liebe, Geborgenheit und Aufmerksamkeit geschenkt werden, dann hat das Kind es leichter, die Welt zu entdecken, denn es hat einen sicheren Hafen, in den es jederzeit zurückkehren kann. Damit meine ich nicht ein Festhalten der Mutter oder des Vaters, das gibt es auch und ist natürlich kein Weg, sein Kind zu einem selbstständigen Menschen zu erziehen.

Des Öfteren
haben Kinder Probleme,
sich von der Mutter,
zum Beispiel
im Kindergarten, zu trennen,
wenn sie spüren,
dass die Mutter
nicht loslassen kann.

Natürlich heißt das nicht gleich, dass alle Mütter, deren Kind ab und zu etwas anhänglicher ist als gewöhnlich, nicht loslassen können. Ein Mangel an Liebe, Geborgenheit und Aufmerksamkeit könnte auch in uns Eltern stecken. Es tut also gut, auch einmal unsere eigene Motivation zu beleuchten.

Stillen und Beruf

Ein Kind macht
das Haus glücklicher,
die Liebe stärker,
die Geduld größer,
die Hände geschäftiger,
die Nächte länger,
die Tage kürzer
und die Zukunft heller.
- Quelle unbekannt

Direkt nach dem Mutterschutz wieder Arbeiten gehen, ist bei vielen Frauen keine Frage, sondern leider ein Muss. Bei der Lage des momentanen Arbeitsmarktes gibt es viele Frauen, die darauf angewiesen sind, direkt nach dem Mutterschutz wieder Arbeiten zu gehen. Das muss nicht unbedingt ein Grund sein, das Stillen aufzugeben. Es erfordert gewiss etwas Vorbereitung und Zeit, aber trotzdem ist es in vielen Fällen möglich, Berufstätigkeit und Stillen für längere Zeit unter einen Hut zu bringen, auch wenn die meisten Betriebe dies organisatorisch für nicht so einfach halten. Gibt es einen Kühlschrank am Arbeitsplatz ist schon mal die Hälfte geschafft. Kombiniert man das Stillen mit einer Betreuung durch eine andere Person, wie zum Beispiel der Oma, die auf Abruf kommen kann, wird die Sache auch noch mal einfacher. Auch wenn ihr Kind eine Krippe besucht, ist es möglich, zu stillen, da die meisten Krippen das Stillen unterstützen und es der Mutter ermöglichen, dieses vor Ort zu tun.

Stillende Frauen sollten,
um Milchstauprobleme zu vermeiden,
alle drei bis vier Stunden
ihre Milch abpumpen.

Dies nimmt nicht viel mehr Zeit in Anspruch als der Kollege für seine kleine Zigarettenpause braucht. Falls es irgendwelche Einwände gibt, kann das Argument ja mal in den Raum gestreut werden. Das hilft bestimmt. Ein- bis zweimaliges Abpumpen am Arbeitsplatz sollte auch für ihren Vorgesetzten in Ordnung gehen. Falls nicht, sollte man ihn mit folgender Aussage konfrontieren: Generell stehen einer stillenden Frau zusätzliche 60 Minuten Stillpause zu, oder man hält ihm einfach das Mutterschutzgesetz[7], zweiter Abschnitt §7, unter die Nase. Dort findet man Folgendes:

---

7 http://www.gesetze-im-internet.de/muschg/__7.html

Zweiter Abschnitt – Beschäftigungsverbote

§ 7 Stillzeit

(1) Stillenden Müttern ist auf ihr Verlangen die zum Stillen erforderliche Zeit, mindestens aber zweimal täglich eine halbe Stunde oder einmal täglich eine Stunde freizugeben. Bei einer zusammenhängenden Arbeitszeit von mehr als acht Stunden soll auf Verlangen zweimal eine Stillzeit von mindestens 45 Minuten oder, wenn in der Nähe der Arbeitsstätte keine Stillgelegenheit vorhanden ist, einmal eine Stillzeit von mindestens 90 Minuten gewährt werden. Die Arbeitszeit gilt als zusammenhängend, soweit sie nicht durch eine Ruhepause von mindestens zwei Stunden unterbrochen wird.

(2) Durch die Gewährung der Stillzeit darf ein Verdienstausfall nicht eintreten. Die Stillzeit darf von stillenden Müttern nicht vor- oder nachgearbeitet und nicht auf die in dem Arbeitszeitgesetz oder in anderen Vorschriften festgesetzten Ruhepausen angerechnet werden.

(3) Die Aufsichtsbehörde kann in Einzelfällen nähere Bestimmungen über Zahl, Lage und Dauer der Stillzeiten treffen; sie kann die Einrichtung von Stillräumen vorschreiben.

(4) Der Auftraggeber oder Zwischenmeister hat den in Heimarbeit Beschäftigten und den ihnen Gleichgestellten für die Stillzeit ein Entgelt von 75 vom Hundert eines durchschnittlichen Stundenverdienstes, mindestens aber 0,38 Euro für jeden Werktag zu zahlen. Ist die Frau für mehrere Auftraggeber oder Zwischenmeister tätig, so ha-

ben diese das Entgelt für die Stillzeit zu gleichen Teilen zu gewähren. Auf das Entgelt finden die Vorschriften der §§ 23 bis 25 des Heimarbeitsgesetzes vom 14. März 1951 (BGBl. I S. 191) über den Entgeltschutz Anwendung.

Bei Wikipedia[8] steht geschrieben: „Auch die Europäische Sozialcharta[9] in der Revision vom 3. Mai 1996 beinhaltet in Artikel 8 die Verpflichtungen für die Vertragsparteien, ‚sicherzustellen, daß Mütter, die ihre Kinder stillen, für diesen Zweck Anspruch auf ausreichende Arbeitsunterbrechungen haben'".

Für den Weg nach Hause wird bei einer längeren Fahrzeit ein Behältnis zum Kühlen gebraucht. Wenn man eine Tagesmutter in Anspruch nimmt, ist es sinnvoll, das diese in der Nähe des Arbeitsplatzes wohnt. Ist der Weg nicht so weit, hat man mehr Zeit für das Wesentliche. Zum Abpumpen für unterwegs reicht oft eine einfache Handpumpe. Es ist lediglich darauf zu achten, das diese immer sauber ist. Zu Hause ist es am besten und es geht auch schneller, simultan zu pumpen und zu stillen, das heißt auf einer Seite das Baby und auf der anderen Seite wird gepumpt. Das ist die einfachste Variante.

8 http://de.wikipedia.org/wiki/Stillen#cite_note-32

9 http://conventions.coe.int/Treaty/ger/Treaties/Html/163.htm

Durch den
Milchspendereflex,
der durch das Saugen
des Säuglings
hervorgerufen wird,
fließt auch
die andere Seite
mit nur leichtem
Unterdruck.

Um simultan pumpen zu können, braucht man eine Pumpe, die auch einhändig zu bedienen ist. Am besten fragt man in einer Apotheke nach. Dort gibt es auch oft die Möglichkeit, sich eine Milchpumpe zu leihen. Man sollte aber vorher berechnen, wie lange man plant, eine Pumpe zu leihen, denn über einen längeren Zeitraum lohnt es sich eher, sich selbst eine Pumpe zuzulegen. Für zu Hause fand ich eine elektrische Pumpe zum simultanen Abpumpen recht praktisch. Ein Überschuss an Milch kann auch in Eiswürfelbeutel gefüllt und eingefroren werden. Sie sollte trotzdem recht schnell verbraucht werden, aber so kann man ganz gut portionieren. Ich habe eingefrorene Milch, bei der ich mir nicht sicher war, ob sie nicht schon zu alt ist, immer als Badezusatz verwendet.

Stillen und Immunsystem

Kinder erleben nichts
so scharf und bitter
wie Ungerechtigkeit.
- Charles Dickens

Immer wieder ändern Wissenschaftler ihre Meinung und jeden Tag werden neue Studien auf den Markt geworfen. Heutzutage überholt sich die Wissenschaft von Tag zu Tag und die alten Weisheiten werden unter den Teppich gekehrt. Doch wer bezahlt die Wissenschaftler?

Fakt ist,
dass die Abwehrstoffe,
die in der Muttermilch
enthaltenen sind,
beim Aufbau
des kindlichen Immunsystems
helfen.

Studien haben ergeben, dass Babys, die mit künstlich hergestellter Säuglingsnahrung ernährt werden, häufiger und schwerer erkranken. Ferner leiden sie eher unter Allergien.
Gestillte Kinder leiden weniger häufig an Übergewicht, vor allem, wenn sie nach Bedarf gestillt werden. Das liegt daran, dass das Kind selbst aktiv werden muss, um zu trinken und das Saugen an der Brust erfordert nicht nur eine eigene Technik, es ist auch um einiges mühevoller als das Nuckeln an der Flasche. Allein deshalb wird das Kind aufhören, wenn es satt ist. Stellen Sie mal ein Fläschchen auf den Kopf. Was passiert? Es fängt an zu tropfen. Die Brust fängt zwar auch bei manchen Frauen an auszulaufen, aber das ist für gewöhnlich ein Zeichen, dass es an der Zeit ist, sein Kind wieder anzulegen. Ich persönlich bin so gut wie nie ausgelaufen, was für mich ein Zeichen war, dass die symbiotische Beziehung, die ich mit meinem Kind eingegangen bin, funktioniert. Manchmal wird einem geraten, das Stillen aufzugeben, wenn das Kind krank ist. D o c h

Muttermilch ist außer der selbstlosen Liebe die beste Medizin und ich kann nur raten auf jeden Fall weiter zu stillen.

Mein Sohn war so gut wie nie krank gewesen. Als Begleiterscheinung von Entwicklungsschüben bekommt er Fieber, was normalerweise nach einer Nacht wieder sinkt. In Nächten, in denen er fiebert, halte ich ihn und bin jederzeit für ihn da. Zur Not bekommt er ein homöopathisches Mittel zur Unterstützung. Er ist in seinen ersten vier Lebensjahren durch keine einzige Kinderkrankheit durchgegangen. Mit fünf Jahren steckte er sich bei seiner Schwester mit Keuchhusten an, doch der Krankheitsverlauf war

sehr abgemildert. Auch bei der Kleinen verlief der Keuchhusten eher sanft. Ansonsten war sie bisher auch noch nicht krank. Ich führe das unter anderem auf die lange Stillzeit zurück.
Sowohl Säuglinge als auch Mütter profitieren vom Stillen. Nicht nur, dass sie schnell wieder zu ihrem eigentlichen Gewicht zurückfinden und die Mutter-Kind-Bindung gefördert wird.

Das Anlegen
des Neugeborenen
direkt nach der Geburt
bewirkt,
dass sich durch
das Hormon Oxytocin
die Gebärmutter
zusammenzieht.

So kann sich die Plazenta schneller lösen und die Mutter verliert weniger Blut. Selbst in den kommenden Tagen sorgt das Saugen an der Brust dafür, dasss sich die Gebärmutter zusammenzieht, damit sie schneller ihre ursprüngliche Größe erreicht. Darüber hinaus erkranken Frauen, die lange oder öfter gestillt haben, seltener an Brustkrebs, Eierstockkrebs oder Osteoporose. Natürlich ist eine ausgewogene Ernährung wichtig für die stillende Mutter. Auch äußerlich angewendet ist Muttermilch eine gute Medizin bei entzündeten Augen. Einfach ein paar Tropfen hineingeben. Auch Mückenstiche und anderes lassen sich so behandeln.

Beikost

Die Natur will, dass die Kinder
Kinder seien,
ehe sie Erwachsene werden.
Wollen wir diese
Ordnung umkehren, so werden wir
frühreife Früchte hervorbringen,
die weder Saft noch Kraft haben:
jugendliche Greise und greise Jugendliche.
- Jean Jacques Rousseau

Unsere Tochter mit einem Dinkel-Grissini aus dem Bioladen

Irgendwann ist es soweit. Bei den meisten Säuglingen wächst zwischen dem sechsten und neunten Monat ein deutliches Interesse an Beikost. Beikost ist jedes Nahrungsmittel sowie Getränk, das dem Baby im ersten Jahr neben der Muttermilch oder der künstlichen Säuglingsmilchnahrung zum Essen oder Trinken gegeben wird. Der Zeitpunkt, an dem Beikost zugefüttert werden kann, ist von Kind zu Kind unterschiedlich. Oft macht sich bemerkbar, dass beigefüttert werden soll, wenn das Kind immer öfter an die Brust will.

Hebammen raten zumeist,
frühestens ab dem
6. oder 8. Monat
mit Beikost zu beginnen.
Meist merkt man ja,
wenn das Kind
aufmerksam
das Essgeschehen beobachtet
und mitmachen will.

Am besten fand ich es, mein Kind zu beobachten und selbst entscheiden zu lassen, wann es etwas probieren will. Aber das Kind sollte schon sitzen können und den Zungenstoßreflex, der auslöst, feste Nahrung mit der Zunge wieder aus dem Mund zu schieben, nicht mehr anwenden. Wenn diese Voraussetzungen gegeben sind, lautet mein Tipp wie folgt: Wenn das Kind Interesse am Essen zeigt, ruhig probieren lassen aber bitte darauf achten, dass das Stillen noch Hauptnahrungsquelle bleibt. Das ändert sich mit der Zeit langsam und stetig sowieso. Für mich war und ist es immer wichtig, Übergänge so sanft wie möglich zu gestalten.

Unser Sohn hat mit einem halben Jahr an seinem ersten Stück Brot rumgelutscht, fand es dann aber noch nicht so toll und hat dann erst Monate später einen neuen Anlauf, diesmal mit Obst gewagt. Fingerfood, also frisches Obst und Gemüse handlich zugeschnitten, kommt auch heute noch an. Unsere kleine Tochter hat mit acht Monaten Interesse am Essen bekommen und möchte immer genau das probieren, was wir auch haben.

Unsere Kinder bekommen keine Fertigprodukte, da sie nicht nur teurer sind als selbst zubereitete Sachen, sondern auch meist süßer, also mit Zucker versetzt. Zucker sollte nur in Form von frischem Obst gegeben werden. Für den Anfang geeignetes Obst ist: Geriebener Apfel oder Birne, wenn es nicht als Fingerfood serviert wird. Beides sollte, bevor es dem Kind angeboten wird, stehen gelassen werden, denn erst wenn das Obst etwas braun geworden ist, kann es das Kind leichter verdauen. Obst kann auch kurz angedünstet werden, dann wird es bekömmlicher. Banane aus kontrolliert-biologischem Anbau eignet sich ebenfalls.
Manche Eltern möchten es vielleicht zuerst mit Gemüse probieren. Dazu eignen sich Pastinaken, Zucchini, Kartoffeln, Brokkoli, Blumenkohl und auch der Kürbis. Karotten kommen immer mehr in Verruf, da sie auch gekocht ein relativ schwer verdauliches Gemüse sind und dazu nicht gerade allergenarm.
Als Getreidesorte eignet sich die Hirse. Sie ist sehr eisenreich, und glutenfrei. Auch Reis ist glutenfrei, allergenarm und mild im Geschmack. Im ersten Jahr sollte Getreide nur in Form von Getreideflocken gegeben werden. Es gibt sowohl Flocken, die man aufkochen muss, als auch solche, die man einfach in trinkwarme Flüssigkeit oder Obstmus einrühren kann. Ich bevorzugte letztere, denn sie eignen sich besser, da Muttermilch und künstliche Säuglingsmilchnahrung nicht gekocht werden darf. Wichtig ist, dass die Lebensmittel, die beigefüttert werden, frisch sind.

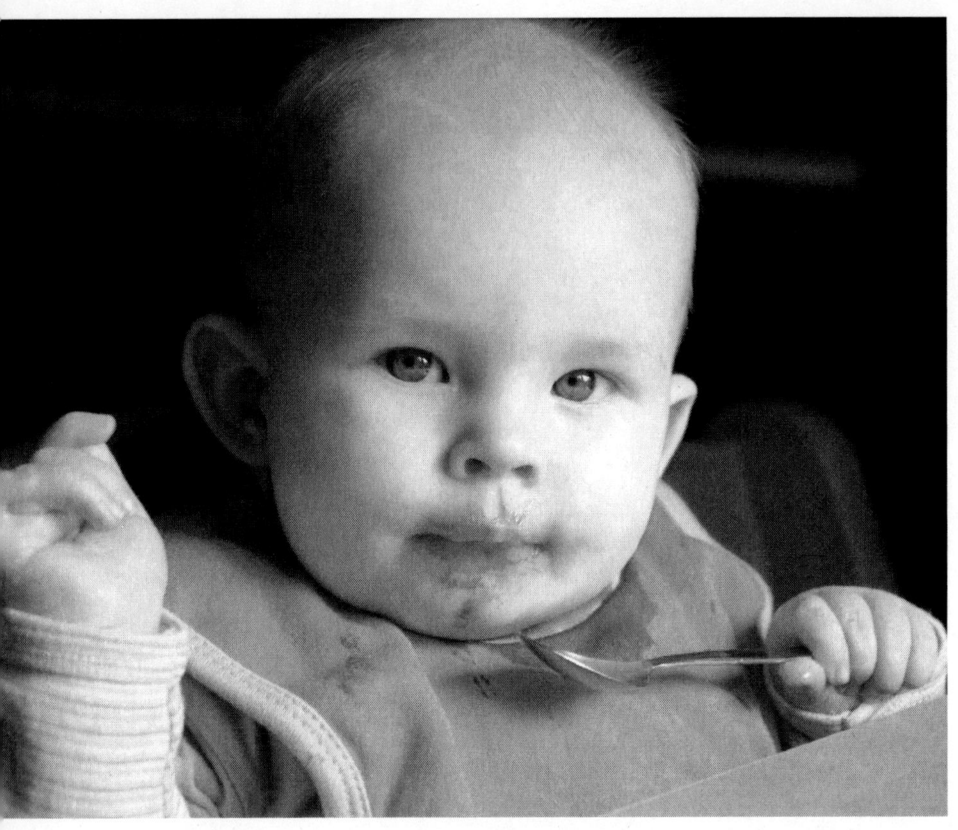

Generell wird geraten, immer nur ein neues Nahrungsmittel pro Woche einzuführen.

Das ist sinnvoll, damit bei einer Unverträglichkeit nicht noch spekuliert werden muss, was von der angebotenen Nahrung nicht vertragen wurde. Ein weiterer Grund sind die sanften, natürlichen Übergänge, um dem kleinen Organismus die Möglichkeit zur schonenden Umstellung zu geben.

Ist es nun besser, Fertignahrung zu geben oder selbst zu kochen? Für mich ist die Antwort, wie weiter oben schon erwähnt: Am besten selbst kochen. Ein Gläschen ist eine Konserve und sollte nur gelegentlich als Notlösung verwendet werden.

Hmm ... auch lecker

Wenn das Kind ein Jahr alt ist, kann es langsam an normale, sparsam gewürzte Erwachsenenkost herangeführt werden. Meistens passt sich jedoch der Erwachsenenspeiseplan schneller an einen Kinderspeiseplan an. Ich denke da nur an Nudeln mit Tomatensoße, Pizza und selbstgemachte Pommes. Das scheinen irgendwie alle Kinder zu mögen und, wenn es geht, jeden Tag haben zu wollen.

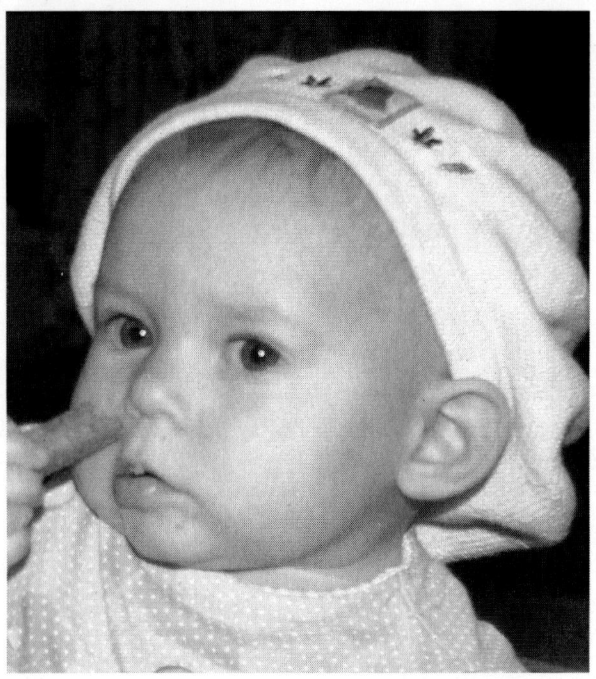

Tragen

Da werden Hände sein,
die dich tragen,
und Arme, in denen du geborgen bist,
und Menschen, die dir ohne Fragen zeigen,
dass du auf dieser Welt willkommen bist.
- Quelle unbekannt

Getragen von Anfang an

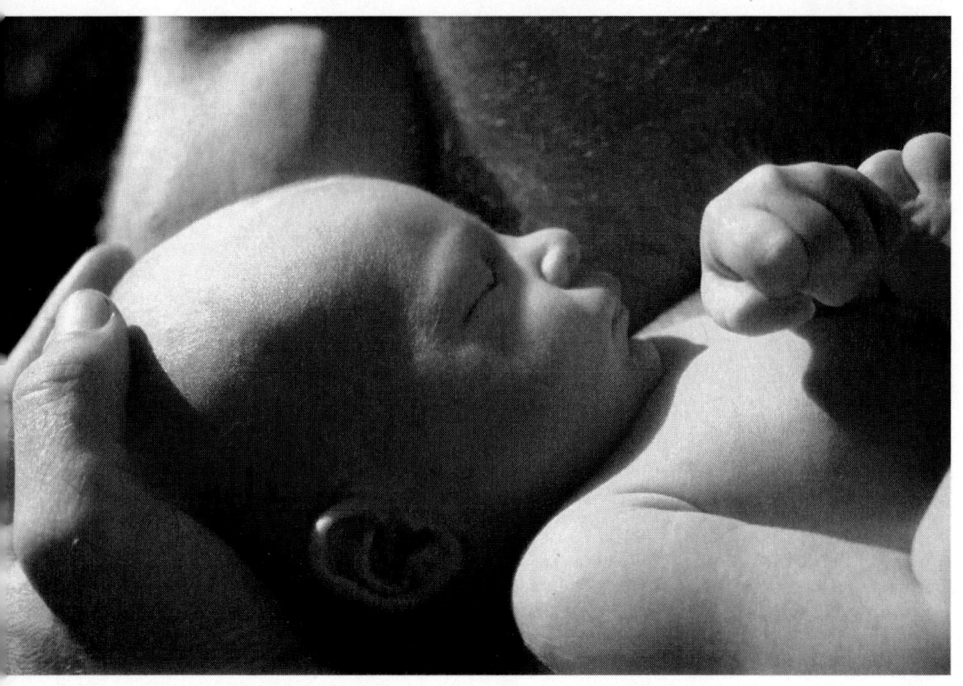

Wie schön war es doch,
in Mamas Bauch
hin und her
geschunkelt zu werden.
Auch nach der Geburt
ist es sinnvoll,
das Baby so oft es geht
am Körper zu tragen.

Wie ich bereits öfter erwähnt habe, bin ich für sanfte Übergänge. Da das Ungeborene im Mutterleib neun Monate getragen wurde, ist es auch nach der Geburt sinnvoll, das Baby weiterhin möglichst oft am Körper zu haben und zu tragen. Neugeborene brauchen am Anfang einen sicheren Halt, so bietet sich das Tragen geradezu an. Auch für Mutter und Vater ist es einfach schön, die Wärme des Babys zu spüren und den engen Kontakt zu genießen. Trägt man ein Baby, ist es sehr einfach zu merken, ob es zufrieden ist. Das Tragen unterstützt vor allem bei Vätern die Bindung zum Baby. Es gibt verschiedene Möglichkeiten, sein Baby zu tragen. Wickeltücher sind eine Möglichkeit. Es gibt sie in verschiedenen Größen und aus unterschiedlichen Stoffen. Für die ersten drei Monate habe ich ein elastisches Tuch verwendet. Der Vorteil ist, dass man das Tuch anziehen kann, bevor das Baby hineingesetzt wird. Man kann es auch anlassen, wenn das Baby hinausgenommen wird. So ist man nicht ständig mit dem Binden beschäftigt. Ab dem vierten Monat ist es besser, ein festes Tuch zu benutzen. Generell empfehle ich ein einfarbiges Tuch, da mir persönlich bunte Tücher zu unruhig sind und das Kind im Tuch ja zur Ruhe kommen soll. Das ist aber Geschmacksache und jeder kann das natürlich halten, wie er will.

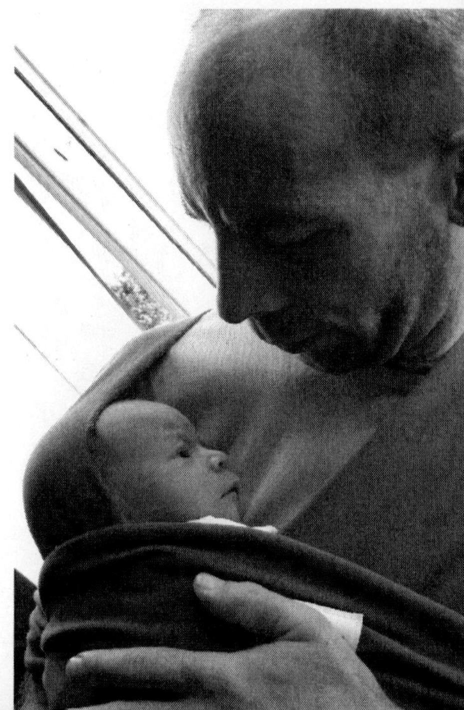

Eine andere Möglichkeit sind fertige Tragen. Hier gibt es reichlich Auswahl. Da jeder eine andere Statur hat, kann ich hier nur den Tipp geben, eine Trage, bevor sie gekauft wird, über eine längere Zeit mit Kind zu testen. Ich selbst habe eine Trage mal ein ganzes Wochenende getestet, bevor ich sie mir gekauft habe. Ich habe also beides benutzt. Im Sommer gerät man unter einem langen Wickeltuch oft ins Schwitzen, mit seinen vielen Lagen. Da habe ich lieber eine Trage verwendet. Am Anfang, also wenn ein Baby noch nicht von selbst sitzen kann, finde ich ein Tuch allerdings besser, weil es meist eine bessere Stütze ist, da man es je nach Bedarf enger oder weiter binden kann. Sobald das Baby von sich aus sitzen kann, kann es auch getrost in einer Trage getragen werden.

Egal ob Tragetuch
oder Trage,
das Kind sollte immer
mit dem Gesicht
einem zugewandt sein.

Ein Poncho für zwei

Manche Eltern glauben, sie müssten das Kind anders herum tragen, damit es mehr mitbekommt, aber dadurch wird die kindliche Wirbelsäule belastet. Wenn das Kind neugierig in die Welt schauen will, ist es besser, es auf dem Rücken zu tragen.

Das Tragetuch

Kinder sind nicht dümmer als Erwachsene –
sie haben nur weniger Erfahrung.
- Janusz Swift

Es gibt die verschiedensten Arten von Tragetüchern. Ich selbst benutze auch verschiedene Tücher, je nach Situation. Ein elastisches für die ersten paar Monate.

Ein 4,70 m langes Tuch nehme ich für längere Spaziergänge und ein 2-m-Tuch, welches auch auf dem Bild mit Oma auf der nächsten Seite zu sehen ist, in das ich meine Kinder schnell mal reinstecken und rausholen kann. So kann ich die Kleinen zu Hause oder bei kürzeren Strecken entlastet tragen und habe dabei auch mal die Hände oder zumindest eine Hand frei.

Bei 2,40-m-Tüchern bin ich jetzt auf den sogenannten „Ring Sling" gekommen, der von verschiedenen Herstellern angeboten wird. Anstelle eines Knotens werden hier zwei Ringe verwendet. Der Vorteil ist, dass die Ringe nicht so auftragen und drücken wie ein Knoten und man schneller und gezielter das Tuch enger oder weiter machen kann. Auch kann das Kind auf dem Rücken getragen werden. Beim Kauf eines Tuches liegt normalerweise eine Bindeanleitung bei. Ansonsten ist auch hier mein Tipp, eine Suche im Internet zum Beispiel auf Google zu starten. Hier kann man auch eine Trageberaterin in der Nähe finden.

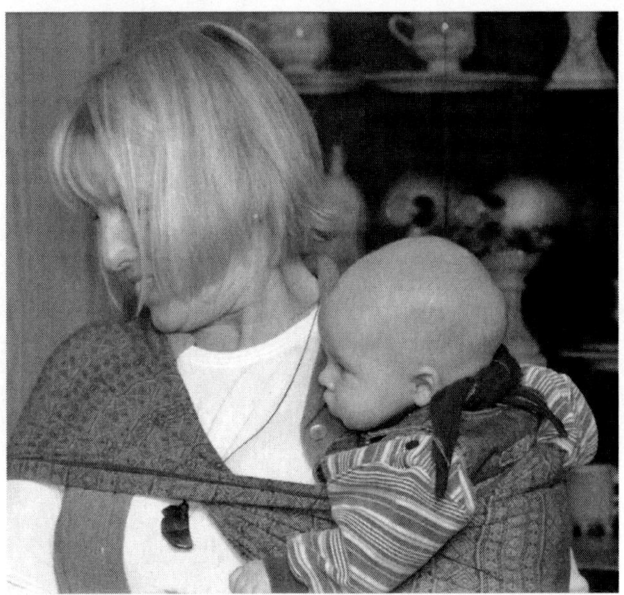

Oma mit Tragetuch

Ein Tipp, wenn gerade kein Tuch vor Ort ist: Zwei T-Shirts unterhalb der Arme horizontal abzuschneiden, so dass zwei Schläuche entstehen. Diese zieht man kreuzweise an, so dass sie diagonal über Schulter und Hüfte verlaufen, wie bei dem 2-m-Tuch, nun aber von beiden Seiten. Dann kann man sein Kind ähnlich wie bei der sogenannten Kreuzbauchtrage tragen. Diese Variante drückt auch nicht so auf den Geldbeutel und mit etwas Phantasie lässt sich auch die T-Shirt-Trage sehr schön gestalten. Wichtiger ist jedoch, dass es das Kind bequem hat. Manche Leute haben, als ich ihnen erklärte, dass ich keinen Kinderwagen habe und meinen Sohn tragen würde, gemeint, er würde davon Haltungsschäden bekommen. Bei den Naturvölkern, die auch ihre Kinder von Anfang an tragen, sind Haltungsschäden seltener anzutreffen als in unserer sogenannten zivilisierten Welt. Unser Sohn ist mittlerweile ein recht munterer Hüpfer und unsere Tochter ist auch schon fix unterwegs.

Das Hin- und Herschaukeln schläfert schon mal ein

„Aus biologischer Sicht sind weit verbreitete Vorurteile, z.B. dass das Tragen schädlich für die Wirbelsäule sei, nicht haltbar. Auch medizinisch spricht nichts gegen das Tragen gesunder Säuglinge über längere Zeiträume. Nach Untersuchungen […] treten bei getragenen Kindern Wirbelsäulenauffälligkeiten nicht häufiger auf, als bei Kindern, die im Kinderwagen gefahren werden. Vielmehr kommt das Tragen der Wirbelsäule des Säuglings sogar entgegen, da sich die doppelte S-Form erst während des ersten Lebensjahres entwickelt. Tragen in der Anhock-Spreizhaltung kann sogar Hüftdysplasien vorbeugen, es sind zudem Fälle dokumentiert, bei denen bereits vorhandene Hüftdysplasien ohne medizinische Eingriffe wieder verschwanden, nachdem die betroffenen Babys im Tuch getragen wurden."[10]

---

[10] Evelin Kirkilionis: Ein Baby will getragen sein, München 1999,Kösel-Verlag, ISBN 3-466-34408-5

Es ist natürlich nicht zu beweisen und absolut subjektiv, trotzdem bin ich der Meinung, dass meine beiden Kinder so wenig geweint haben – oder im Fall meiner Tochter, die ja noch recht frisch hier auf Erden ist, so wenig weint –, weil sie so viel Körperkontakt haben, dass Weinen meist gar nicht notwendig ist.

Im Gegenteil. Sie sind sehr fröhlich und lachen viel. Natürlich waren und sind auch meine Kinder quengeliger, wenn sie ihre körperlichen und geistigen Schübe hatten und noch haben. Doch abgesehen von diesen Zeiten weinen beide so gut wie nie.

Der Große muss sich natürlich von Zeit zu Zeit ausprobieren, aber auch das ist wichtig, um ein gutes Selbstwertgefühl aufbauen zu können. Das heißt, er darf das und wir Erwachsenen müssen lernen, gelassen damit umzugehen. Ja, es gibt viel von unseren Kindern zu lernen.

Unser Sohn mit vier Jahren in einer Trage

Andere interessante Bücher zum Thema Baby und Kleinkind:

Das Stillbuch (Hannah Lothrop)

Taschenbuch: 383 Seiten
Verlag: Kösel, 27. Aufl.(Januar 2002)
Sprache: Deutsch
ISBN: 978-3466344314

Es geht auch ohne Windeln! Der sanfte Weg zur natürlichen Babypflege (Ingrid Bauer)

Taschenbuch: 240 Seiten
Verlag: Kösel; Auflage: 5 (25. März 2004)
Sprache: Deutsch
ISBN: 978-3466344727
Originaltitel: Diaper Free

Ein Baby will getragen sein (Kirkilionis, Evelin)

Taschenbuch: 170 Seiten
Verlag: Kösel; Auflage: 10 (16. März 1999)
Sprache: Deutsch
ISBN: 978-3466344086
Kirkilionis, Evelin geb. 1952
Humanethologin und Mitglied der selbständigen Forschungsgruppe Verhaltensbiologie des Menschen
seit 1985 Beschäftigung mit dem Tragen;
1989 Promotion an der Albert-Ludwigs-Universität Freiburg (Dissertationsthema: Der menschliche Säugling als Tragling)